基金投资红宝书

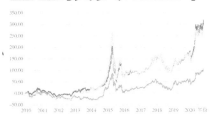

龙红亮　著

中信出版集团｜北京

图书在版编目（CIP）数据

基金投资红宝书 / 龙红亮著 . -- 北京：中信出版
社，2021.6（2024.11重印）
ISBN 978-7-5217-3227-6

Ⅰ . ①基… Ⅱ . ①龙… Ⅲ . ①基金－投资－基本知识
Ⅳ . ① F830.59

中国版本图书馆 CIP 数据核字（2021）第 104212 号

基金投资红宝书

著　　者：龙红亮
出版发行：中信出版集团股份有限公司
　　　　　（北京市朝阳区东三环北路 27 号嘉铭中心　　邮编　100020）
承 印 者：北京盛通印刷股份有限公司

开　　本：787mm×1092mm　1/16　　印　张：20.5　　字　　数：190 千字
版　　次：2021 年 6 月第 1 版　　印　次：2024 年 11 月第 4 次印刷
书　　号：ISBN 978-7-5217-3227-6
定　　价：65.00 元

谨以此书献给我最敬爱的母亲

目　录

第十章

家庭资产配置　307

截止到2021年一季度末，我国公募基金管理规模达到了历史性纪录21.79万亿元。遥想20年前，公募基金行业蹒跚起步，管理规模尚不足1 000亿元。

从全球范围尤其是欧美发达国家来看，公募基金是老百姓进行理财、财富增值的最佳工具！一方面，公募基金能够投资的资产涉及股票、债券、黄金、外汇、大宗商品等主流资产，覆盖面非常广。另一方面，由于公募基金受到严格的监管，信息较为透明，保护了投资者的利益。

我们统计了2003—2020年这18年间的基金数据，发现混合基金年化收益率为15.2%，股票基金年化收益率为14.7%，债券基金年化收益率为6.0%。如果你在2003年年初投入10万元的资金购买混合基金，那么到2020年末，这笔资金就变成了128万元；如果你购买的是股票基金，那么这笔资金则变成了118万元；如果你购买的是债券基金，那么这笔资金则变成了29万元。收益非常丰厚！

但是，为什么大部分老百姓在投资基金方面亏多赚少，获得感不强呢？**这种感受如此真实，与刚才提到的超过10%的年化收益率明显不符。问题到底出在哪儿？**

问题在于：大部分人在没有充分了解基金产品属性和投资特点的情况下，脑袋一发热，就冲进去买基金。在收益不佳或者出现亏损的情况下，又急于割肉止损，即所谓的"高位站岗、低位割肉"。

其实解决的办法也很简单：我们只要事先了解各类基金的特点、如何理性投资等问题，就能做到购买基金之前心中有数，持有期间心中不慌，就能享受股市长期增长带来的收益。在对的时候，买了对的基金，就如同你乘坐大厦的高速电梯，即使什么也不做，也能到达你的目的地。

书中回答了老百姓购买基金时遇到的普遍性问题，例如：（1）买新基金好还是老基金好？（2）买主动管理型基金还是指数型基金好？（3）基金份额买A类好还是C类好？（4）买明星基金产品赚得到钱吗？（5）需要靠抢购的基金，靠谱吗？（6）买场内基金还是场外基金好？（7）保守型的人，该如何挑选基金？（8）如何做基金定投？（9）在哪儿买基金更省钱？

当然，大部分人并非经济或金融专业出身，因此本书的讲解深入浅出，即使没有太多的基础知识储备，你也能轻松看懂。我相信一万字不如一个例子生动，因此书中举了大量的实际案例，让你轻松学习如何购买基金。

本书的内容结构如下：前两章解决为什么要投资基金而非亲自动手买股票的问题；第三、四章，讲述基金的基础知识；从第五章开始，都是手把手教你如何购买股票基金、债券基金、货币基金以及如何做基金定投等实战型内容，不谈理论只讲干货。

本书写作得到了家人的全力支持与配合，在此表示感谢。另外，中信出版集团的财经优品团队为本书的编辑和出版付出了巨大的努力，在此一并感谢他们。

当然，书中肯定存在一定的错误与纰漏。如有发现，烦请指出，并联系作者的邮箱：hongliang.long@qq.com。感谢！

个人要不要投资

个人要不要……

不投资行不行

在我的父母那老一辈的心里，很少有投资的理念。他们最常见的理财方式，就是把每个月的工资存到银行里，这让他们觉得很安稳。在他们的思维中，不亏钱就是理财。近些年来，随着银行理财产品的兴起，他们也会买一些银行理财产品，保本型的银行理财产品尤其受到欢迎。

但只是把钱存进银行，不做任何投资，是否可行呢？我们辛辛苦苦赚回来的钱，能否保得住？我们还是以实际的数据来说话。

 实 例

货币购买力的贬值（一）

假设在2000年年初，你在银行存入10万元，不做投资，20年后的2020年年初，你的存款大约是16万元，存款增长了0.6倍。而2000年北京市房价约为4 000元/平方米，现在约为6万元/平方米，增长了约14倍。

2000年的10万元，可以购买25平方米的房子。20年后的2020年，存款增长到16万元，只能买到2.67平方米的房子。如果不会科学地投资理财，只是一味地将钱存在银行里，那么你的存款每天都在贬值。

上面这个例子说明了什么问题呢？**钱最重要的作用是购买力**。我们把钱存在银行里，虽然看上去不会亏本金，每年还有利息收入，但从购买力的角度来看，存在银行的钱每年都在贬值：在同等金额下，我们能买到的东西越来越少了。

到底是什么东西使我们手中存款的购买力在不断下降呢？答案是通货膨胀。狭义的通货膨胀指数是指老百姓生活必需品的价格指数，它看上去似乎没那么高，长期以来一直保持在3%左右，而广义的通货膨胀却还包括资产价格指数，比如房子、股票等。

货币购买力贬值（二）

我统计了1991—2020年这30年间经济增长和货币供应量增长的情况。针对经济增长，我们用GDP（国内生产总值）增长[①]来代表；针对货币供应量增长，我们使用M2同比增长来代表。在图1-1中，我们可以看到，货币供应量的增长长期大幅度跑赢了经济增长。在过去30年间，平均每年跑赢7%。

[①] 通常所说的GDP增长，是扣除通胀以后的实际GDP增长，而非名义上的GDP增长。

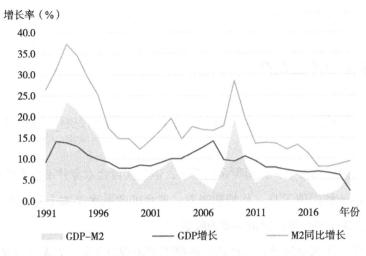

图1-1　GDP与M2的增长趋势（1991—2020年）

数据来源：Choice（金融数据终端）。

 延伸阅读

货币供应量的M0、M1和M2

　　都说"货币洪水"，那到底用什么指标来衡量货币供应量呢？如同用升（L）来衡量水的容量，货币的容量也需要用指标来衡量。我国常用的货币供应量指标是M0、M1、M2体系。粗略地说，M0是个人和单位手中的纸币现金，M1是M0再加上单位存在银行的活期存款，M2是M1再加上个人的储蓄存款、单位的定期存款等。所以，从M0到M1再到M2，是一个逐级扩大的过程。我们用M2来代表货币供应量。

　　所以，结论很简单：每个人都需要投资！不投资，你就只能眼睁睁地看着手里的钱变得越来越不值钱，能买到的东西越来越少。

应该投资什么资产

既然投资理财是我们每个人的生活必需，那么投资什么资产会比较好呢？

有人选择黄金，觉得黄金能增值，但其实黄金本身并不会产生利息，它只是一种保值工具。从长期来看，黄金的收益率基本上与通胀持平。所以，黄金很难为你创造更多的收益。

还有人选择房产。房产是一种很古老的投资工具，在数千年前就早已有之。不过，房产在居民家庭中的财富占比已经达到一定的程度。中国人民银行发布的《2019年中国城镇居民家庭资产负债情况调查》显示，中国城镇居民住房资产占家庭总资产的比重为59.1%，住房拥有率为96.0%，这些还不包括占总资产6.8%的商铺。因此，房产是老百姓最常见的投资工具之一。不过，凡事都有限度，在国内城镇化率超过60%、人口出生率逐步下降的情况下，未来房产价格的上升势头很难维系。除了一、二线城市的房产，其他城市房产供过于求的情况将会非常普遍。

除了房产，老百姓手中的多余存款主要投资在金融资产方面。

中金公司的研究显示[①]，2019年我国居民总资产达到了552万亿元，但房产占比已经见顶。发达国家的历史经验表明，金融资产尤其是风险金融资产（以股票、基金为代表）的占比会逐步提升。

如果在未来10年里，居民家庭资产的10%从房产迁移到金融风险资产，那么投入资本市场（股市、债市等）的增量资金将超过60万亿元！随着国内金融市场的对外开放、IPO（首次公开募股）注册制、科创板等金融市场改革的加速落地，中国资本市场可能会迎来史无前例的局面。

---

① 中金公司《主题策略：迎接居民家庭资产配置拐点》，发布于2020年6月10日。

如果能够抓住资本市场赚钱的机会，那么在2021—2030年，个人和家庭的财富必将得到快速增值。

我们以美国市场为鉴，看看1900—2000年这100年来各类金融产品的收益情况。

《投资收益百年史》的统计显示，美国在1900—2000年这100年间，各类资产的收益情况如表1-1所示。

表1-1　美国各类金融资产的年收益率（1900—2000年）

年收益率	资产类别	几何平均值	最小值	最大值	标准差
名义年收益率 （%）	股票	10.3	-43.9	57.6	20.0
	长期债券	4.7	-9.2	40.4	8.1
	短期国债	4.3	0	15.2	2.8
实际年收益率 （%）	股票	6.9	-38.1	56.4	20.3
	长期债券	1.5	-19.3	35.2	9.9
	短期国债	1.1	-15.0	20.0	4.9

可以看出，美国股市过去100年的年收益率高达10.3%，剔除通货膨胀后的实际年收益率也高达6.9%。假如你在1900年拥有1万美元，并且全部买入股票资产，那么到2000年，你会拥有1.8亿美元。

可见，未来10年，资本市场是我们投资理财、实现财富保值增值的好去处。这一点无论在美国市场还是在中国市场，都是如此。在资本市场中，股票市场是获得长期高收益、打败通货膨胀的关键。

问题是个人投资者应该以何种形式参与股票、债券市场呢？一种做法是直接买股票。但是，个人直接买基金，并请专业的基金经理帮我们投资，做一个耐心的基民，是一种更好的理财方式。至于为何说买基金是最好的投资方式，我们在后面的章节中会用实际数据来证明。我写这本书的目的，就是让每个普通的个人投资者都能通过初步的学习来快速掌握如何买到优质基金，从而让自己的财富实现增值。

学会慢慢变富

亚马逊创始人杰夫·贝佐斯曾问巴菲特："你的投资体系如此简单，但为什么很少有人去学习你的致富之道呢？"

巴菲特回答："因为这个世界上没有人愿意慢慢变富。"

通过买基金让自己的财富增值，最需要的心理素质是耐心。西方谚语有云：耐心是美德。财富增长的奥秘存在于如下的公式中：

$$最终财富 = 初始本金 \times (1 + 年化投资收益率)^{时间}$$

你在投资生涯的最终财富取决于三个因素：初始本金、年化投资收益率和时间。初始本金往往在短期内变化不大，这主要由你的家庭和自身收入水平来决定。年化投资收益率和时间哪个更重要？很多人的答案是年化投资收益率！毕竟，一年50%和10%的投资回报相差很多。但随着时间的拉长，最终我们将见证：短期的高收益往往有很大的运气成分。**真正能够让我们变富的，是时间的积累**！哪怕是每年20%的收益，经过60年的时间，你足以拥有匹敌巴菲特的财富！

高瓴资本的张磊曾说："流水不争先，争的是滔滔不绝。"这句话恰恰道出了价值投资的真谛：做时间的朋友，让时间站在自己这边。

我们投资基金，也要有同基金做一辈子朋友的耐心。时间终会证明，九层之台，起于累土。只要坚持投资基金，市场和时间终将给予你超乎想象的回报。

第二章

为什么选择基金

个人投资者适合直接投资股（债）市吗

个人投资者最常接触到的金融投资产品就是股票和债券。股票市场（简称股市）涉及在证券交易所上市的股票，而债券市场（简称债市）则涉及交易所市场、银行间市场以及柜台市场交易的债券。

个人投资者能够直接买卖债券吗？答案是可以，不过受到一些限制。目前，个人投资者可以在银行购买国债，也可以在证券交易所（包括上海证券交易所与深圳证券交易所）买卖部分公募债券，但总体容量极其有限，绝大部分的债券还是在金融机构间进行交易。因此，如果个人投资者想投身债券市场，那么购买债券基金是最佳的方法。

那么股市呢？个人投资者以散户身份直接投资股票是一种常见现象。中国证券登记结算公司的数据显示，我国散户持有A股流通市值（剔除一般法人持有的部分）的60%左右，而美国散户的持仓占比不到20%。所以，国内A股是以散户为主的股市。

国内散户的持仓占比如此之高，那么散户是不是就从股市中赚到钱了呢？

理想很美好，现实很骨感！

上交所对2016—2019年股市交易数据的统计显示，散户作为一个整体全面亏损，而机构投资者和公司法人投资者均赢利，如表2-1所示。

表2-1　上交所股市交易数据统计（2016—2019年）

账户	总收益（元）	择时收益（元）	选股收益（元）	交易成本（元）
散户：10万元以下	−2 457	−774	−1 532	151
散户：10万~50万元	−6 601	−3 018	−2 443	1 140
散户：50万~300万元	−30 443	−15 558	−10 171	4 714
散户：300万~1 000万元	−164 503	−80 767	−65 269	18 466
散户：1 000万元以上	−89 890	−411 584	402 271	80 577
机构投资者	13 447 655	−4 176 872	18 074 792	450 265
公司法人投资者	23 440 904	−14 766 355	38 244 620	37 361

注：数据为2016年1月至2019年6月单个账户的年化收益水平。

数据来源：上海证券交易所。

针对散户，股市中流传这样一句话：**"七亏二平一赚。"** 绝大部分散户在股市中是亏损的。

其实，95%的个人投资者并不适合直接投资股票。为什么？因为这注定是一场难以赢得的竞赛。

我们可以简单地把股市中的投资者分为个人投资者（散户）、机构投资者和一般法人（见图2-1）。一般法人是企业的股东，一般不经常交易股票。所以，股市投资者的结构可以进一步简化为散户和机构投资者。

至此，问题就变得很清晰了：从中短期来看，股票交易是散户和机构投资者之间的博弈，以及散户之间和机构投资者之间的内部博弈。

结论很简单：**机构投资者在散户面前，具备碾压性优势**。从整体上看，机构投资者在赚钱，而散户在亏钱。

我们从时间、信息和专业三个维度分别来进行对比。

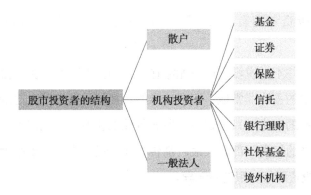

图2-1 股市投资者的结构

- **时间**。散户一般有一份全职工作，炒股只是业余爱好。这就使得散户花在股票研究中的时间相对不足，平均每天不超过一小时，其中大部分时间还花在没有太大意义的盯盘上。而机构投资者是全职投资，每天工作十几个小时，研究宏观经济和公司基本面。在时间上，散户完败。

- **信息**。信息产生价值。金融市场每天会产生海量的信息，这些信息都会对股市造成一定影响。散户的信息获取渠道有限，信息获取和对信息的解读比较滞后。而机构投资者是全职工作，团队分工协作，使得他们能够在第一时间捕获信息，并及时解读信息对股价产生的影响。很多散户热衷于打听所谓的内幕消息，殊不知他们所获取的消息已经是好几手的了。在信息获取和信息解读上，散户完败。

- **专业**。散户往往非科班出身，没有受过专业的金融学训练，而且大多单兵作战。而机构投资者大多为公司，团队成员多是科班出身，且分工明确，有的负责宏观研究，有的负责行业和公司研究，有的负责投资，团队少则几十人多则几百人。散户是单兵作战，而机构投资者是团体合作，在专业度上，散户完败。

机构投资者拥有"三胜",而散户拥有"三败",散户不亏钱谁亏钱?

当然,并不是说没有散户能够在股市中持续赢利。民间投资高手在整体散户中的占比非常低,而且这样的人往往是发挥了自己的相对优势才持续赢利的,比如只投资自己所属行业的股票、科班出身、全职炒股等,他们中的相当一部分人最后都转为职业投资人。对于绝大部分人来说,直接投资股市,跟送钱无异。

个人投资者既然不适合直接投资股市(债市),但是又有迫切的需求和必要去实现财富的保值和增值,那么应该如何参与投资呢?

答案就是买基金。

什么是基金

我们在买基金时,买的到底是什么?

基金的全称叫"证券投资基金"。简单来说,投资基金是指,投资人出资购买基金,成为基金持有人,基金管理人(基金公司)拿着钱去投资证券市场,包括股票、债券和相关衍生品。

在一只基金产品中,有三个重要的角色:基金持有人(基民)、基金管理人(基金公司)和基金托管人(见图2-2)。

- **基金持有人(基民)**:出钱的人。出资购买基金,获取扣除费用之后的收益。
- **基金管理人(基金公司)**:管理投资运作的人,即基金公司。拿到基金持有人的钱,代为投资,替基金持有人赚取收益,同时自己获得一定的管理费。
- **基金托管人**:为了做风险隔离,基金资产账户和证券账户是要单独托管的,以保护基金持有人的资金安全。基金托管人一般是银行或证券公司。

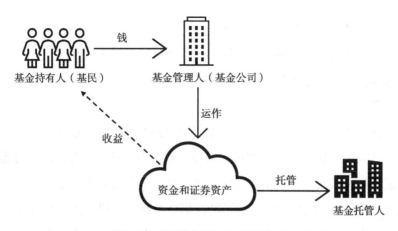

图2-2　基金产品的几个重要角色

所以，你买入一只基金，其实就是间接地买了股票或债券。只不过，不是你直接投资，而是由专业的基金公司帮你投资。

有个朋友曾经跟我说："股票有风险，我买的是基金，不是股票，很安全。"这是不对的！你买的基金里面大部分持仓是股票，只不过你是通过间接投资的方式来委托基金公司替你投资的。

基金分为两大类：**公开募集基金和非公开募集基金**。公开募集基金简称公募基金，我们平常提到的"基金"，指的就是公募基金。非公开募集基金又被称作私募基金，其投资门槛很高。

怎么区分公募基金和私募基金呢？公募基金要求募集对象超过200人；而私募基金要求募集对象不超过200人，且一般要求最低购买金额不低于100万元。

对于普通老百姓来说，关注公募基金足矣。本书接下来提到的基金，指的都是公募基金。

投资基金能赚到钱吗

投资基金到底能不能赚到钱？

很多人对此是有疑惑的，疑惑的原因来自自己的直观感受——不管是根据自己过去炒股的经验，还是根据自己买基金的经验，得出的结论似乎都是亏多赚少。

我们用数据来说话。市面上的基金产品有数千只，选取其中任何一只或几只来代表全部基金的投资收益，都是不合适的。为此，我们选取中证指数有限公司公布的基金指数来验证。我们选取了中证股票基金指数（代码：H11021.CSI）、中证混合基金指数（代码：H11022.CSI）和中证债券基金指数（代码：H11023.CSI）三个指数，来看它们在2003—2020年过去18年间的复合年化收益率，如表2-2所示。

表2-2　各类基金指数的复合年化收益率（2003—2020年）

代码	基金指数类型	复合年化收益率（或几何平均值）	最大值	最小值
H11021.CSI	中证股票基金指数	14.7%	128.3%	-51.4%
H11022.CSI	中证混合基金指数	15.2%	110.3%	-45.4%
H11023.CSI	中证债券基金指数	6.0%	18.5%	-2.9%
通货膨胀指数（CPI）	—	2.6%	5.9%	-0.7%

注：通货膨胀指数的数值为2003—2020年的几何平均值。
数据来源：Wind（万得资讯）。

中证基金指数由市场上一系列最具代表性的基金构成，因此颇能代表基金的整体收益水平。通过表2-2中的数据我们可以看出，**基金不但能赚钱，还能赚大钱**。如果你在2003年年初投入10万元购买股票基金，那么到2020年年末，这10万元就变成了118万元；如果你购买的是混合基金，则10万元变成了128万元；如果你购买的是债券基金，那么当初的10万元就变成了29万元。

但是上面的数据为何和普通人的直接感受不一致呢？

- 普通人投资特别喜欢追涨杀跌，市场高位时全仓杀入，高位套牢，然后又在市场低位割肉离场。他们不但将这种追涨杀跌式的操作用在股票投资上，还用在基金投资上，把基金活生生当成了股票。
- 波动性太大，普通人拿不住基金。以股票基金为例（见图2-3），虽然18年间的复合年化收益率高达14.7%，但波动巨大，最好的年份上涨128.3%，最差的年份下跌51.4%。

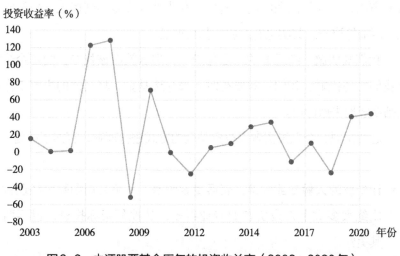

图2-3 中证股票基金历年的投资收益率（2003—2020年）

所以，投资基金能挣钱，而且收益很不错，远远跑赢了通货膨胀。那么，个人投资者怎么应对投资中的巨幅波动呢？主要靠三招。

- 拉长持有基金的时间，持有基金的时间越长，越能熨平持有期间的市场波动，从而获得稳稳的收益。
- 熊市大胆买基金，牛市谨慎卖基金。

- 通过基金定投的方式，避免择时，摊平基金的买入成本。

个人投资基金的好处

个人的钱是需要打理和投资的，否则你的存款购买力就在持续降低，被通货膨胀和资产价格上涨持续收割。

有的人可能要说："我可以直接投资股票、债券，或者外汇、黄金、原油这样的资产，为什么一定要选择投资基金呢？"

前文已经讲过，95%以上的个人投资者其实是不适合直接投资股市或债市的，因为他们在时间、信息、专业维度都得不到保证。外汇、黄金、原油等资产，其实也有对应的基金产品。

我们既然做不到足够的专业与投入，那么就应该找专业的基金公司帮我们打理钱财。我们只需要花时间来筛选基金，将具体的投资工作交给基金经理去做即可。

总的来说，个人投资者以投资基金的方式进行理财，有如下益处。

- **让专业的人做专业的事，获得稳定收益**。基金公司和基金经理肯定比绝大多数个人投资者要专业得多，让他们帮你投资，岂不两全其美？
- **享受分散投资的好处**。个人投资者直接投资，由于所能覆盖的标的有限，往往持仓集中度过高，而基金有所谓的"双十限制"：对某家公司的持仓不能超过这只基金的10%，同一基金管理人管理的全部基金持有一家公司发行的证券，不得超过该证券的10%。这样就足够分散化，避免了个股踩雷所产生的巨大风险，也享受了分散投资带来的好处。
- **拓宽投资渠道**。对于某些资产类别，比如债券、原油、海外市场股票等，个人投资者参与的渠道非常有限，但是我们可以通过投资相关基金的方式来进行间接投资。

- **降低投资门槛**。大部分基金的起购金额只有100元，甚至更低。100元就能开启投资生涯，利用复利效应积沙成塔。

- **保持情绪稳定**。个人投资者直接投资对其情绪稳定性要求极高。散户的追涨杀跌心态都非常严重，无形中会对个人投资者的情绪造成负面影响，也会影响其本职工作。把钱交给基金公司或基金经理，静待时间这朵玫瑰花开，不失为一种智慧的投资之道。

第三章

基金种类知多少

在准备购买基金那一刻，你不得不面临一个问题：该买哪一只？

中国首席基金投资论坛与中国首席经济学家论坛研究院共同发布的《2020中国基金白皮书》显示，到2020年年末，市场上存续的公募基金一共有7 196只。面对这么多只基金，我们如何挑选到适合自己的那只呢？

在挑选之前，我们首先要对市场上现有的基金进行分类，搞清楚每种类型基金的风险与收益，才能知道哪类基金更适合自己。

我们可以从投资范围、投资风格、运作方式和交易方式等维度，对市场上主流的基金进行分类。

按投资范围分

一只基金投资于什么资产，决定了这只基金的收益与风险。因此，根据基金的投资范围，我们很容易对基金进行分类。

基金能够投资的资产主要分为三大类：股票、债券和货币市场工具。股票和债券都好理解，货币市场工具指的是现金、银行存款、大额存单、短期债券等高流动性的金融工具，能够快速变现。那么，分别投资于它们的基金产品就被称为股票基金、债券基金和货币基金。股票和债券都能投资的基金叫作混合基金（见图3-1）。

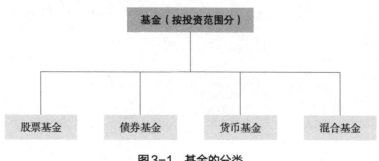

图3-1　基金的分类

你可能会问："难道股票基金就完全不能投资债券吗？债券基金就完全不能投资股票吗？"当然不是！

上述分类方法是根据基金的主要持仓资产来确定的。

- **股票基金**：80%以上的资产投资于股票。
- **债券基金**：80%以上的资产投资于债券。
- **货币基金**：仅投资于货币市场工具。
- **混合基金**：投资于股票、债券或货币市场工具，但比例不符合上述要求的。

图3-2所示为不同基金分类的持仓组合。

天天基金网或支付宝等第三方平台，都标注了每只基金的类型。更精准的办法是查看基金的招募说明书，其中会详细描述基金的投资范围。

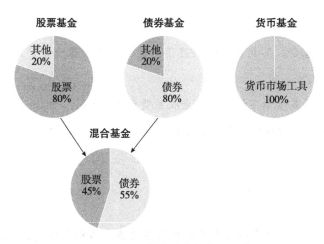

图3-2 不同基金分类的持仓组合

 实 例

各种类型的基金

广发基金旗下的广发高端制造股票A（代码：004997）由孙迪等基金经理管理。根据其最新的招募说明书，在第九部分"基金的投资"中，我们找到了该基金的投资范围：

"……本基金为股票型基金，基金的投资组合比例为：股票资产占基金资产的比例为80%～95%，其中投资于高端制造行业上市公司发行的股票占非现金基金资产的比例不低于80%……"

显而易见，该基金为股票基金。

广发基金旗下的广发集丰债券A（代码：002711）属于债券基金。其招募说明书显示，该基金投资于债券的比例不低于80%，投资于股票等权益类资产的比例不超过20%。

易方达基金旗下的易方达蓝筹精选混合（代码：005827）属

于混合基金。其招募说明书显示，股票资产占基金资产的比例为
60% ~ 95%。

　　博时基金旗下的博时现金收益货币A（代码：050003）属于货
币基金，只能投资于货币市场工具。

【小贴士】

　　绝大部分基金产品的类型都可以通过基金名称看出来。股票基金的
名称结尾都带有"股票"二字，而债券基金的名称都带有"债券"，混合
基金的名称则带有"混合"，货币基金的名称往往带有"货币""现金"
的字样。

　　公募基金的招募说明书既可以在基金公司官网或官方App（应用程序）
对应的基金产品的法律文件栏查阅，也可以在天天基金网、支付宝等第
三方平台查阅。

　　介绍完基金类型，那么这几种类型的基金到底有什么收益与风险特
征呢？简单总结就是风险越大，收益越高。这里的风险是指收益的波动
幅度。

　　从长期来看，各种基金按照年均复合收益率的排序为：股票基金 >
混合基金 > 债券基金 > 货币基金。

　　收益越高，波动也越大。我们依旧使用中证指数有限公司提供的中
证基金指数来检验一下这四种类型基金在历史业绩和波动率方面的表现
情况，如表3-1所示。

表3-1 各类基金指数的复合年化收益率（2003—2020年）

代码	基金的指数类型	复合年化收益率（%）	最大值（%）	最小值（%）	标准差（%）
H11021.CSI	中证股票基金指数	14.7	128.3	−51.4	47.0
H11022.CSI	中证混合基金指数	15.2	110.3	−45.4	40.2
H11023.CSI	中证债券基金指数	6.0	18.5	−2.9	6.2
H11025.CSI	中证货币基金指数	3.1	4.6	1.4	0.94

注：数据来源于Wind，中证货币基金指数使用的是2005—2020年16年间的年度收益数据，其他三种基金指数使用的是2003—2020年18年间的年度收益数据。

在表3-1中，标准差反映的是年度收益之间的波动性。从中可以看出，复合年化收益率越高，波动性也越大。当然，你可能发现混合基金的年化收益率比股票基金高，波动反而更小一些，这主要是由于混合基金可以在股票与债券资产之间切换，避开熊市，而股票基金由于股票持仓不低于80%，只能与股市同进退了。

 延伸阅读

在股票基金的投资范围里，
除了股票，还有什么其他资产？

股票基金的股票持仓在80%～95%，剩余的资金可以投资债券和货币市场工具。

同理，债券基金的债券持仓要求在80%～95%，剩余的资产可以投资货币市场工具（比如回购、同业存单、存款等）。混合基金也是如此。

股票基金

股票基金80%以上的持仓都是股票，因此，股票基金的投资收益跟股市的表现紧密相关。即使看空市场，股票基金的股票持仓也需要保持在80%以上，所以股票基金只能和股市同呼吸共命运了。股票基金的年度收益水平一般都比较高，市场行情好的时候甚至会翻倍，但是在市场行情差的时候，腰斩也不是不可能。

 实 例

股票基金

广发基金旗下的广发医疗保健股票A（代码：004851）由基金经理吴兴武管理。这是一只股票基金，股票占基金资产的比例在80%～95%。

 延伸阅读

我国有几个股票交易所？

我国有两大股票交易所：上海证券交易所（简称上交所）、深圳证券交易所（简称深交所）。沪深两市的股票代码均是6位数。

股票市场是一个多层次资本市场，可以分为主板、中小板、创业板、科创板及新三板（见图3-3）。

主板上市的企业以传统产业为主，在中小板上市的企业，其规模和要求相对于主板来说，要低一些。创业板和科创板主要针对科技公司，目的是复制美国的纳斯达克市场。新三板不属于传统的股票交易市场，属于中小企业股份转让系统，类似于美国的粉单市场，对投资人有严格的资产要求。

上交所有两个板：主板和科创板。上交所主板股票代码以60开头，科创板股票代码以688开头。深交所的主板与中小板已经合并了，代码以00开头，深交所的创业板股票代码以300开头。

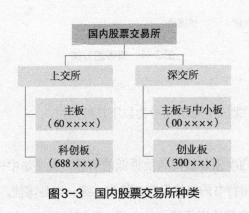

图3-3　国内股票交易所种类

债券基金

在讲债券基金之前，我们有必要提前了解一下什么是债券。债券不像股票那样为大众所熟悉，它更多的是金融机构的一种投资工具。

普通人最常接触到的债券是银行柜台国债。每年，财政部都会发行储蓄国债，通过银行柜台发售，个人可以在银行网点直接购买。这类债券在整个债券市场中的占比非常小，只针对个人或企业发售。

什么是债券？债券就是企业或政府发行的标准化的债权凭证，可以在二级市场买卖。如果一家银行给某个企业发放了一笔贷款，那么这笔贷款是很难在二级市场流通的，因为贷款本身并非标准化产品。但是，如果企业发行了一笔债券，那么购买了这笔债券的金融机构随时可以在二级市场以合理价格变现。

我们可以从不同维度将债券分成几类，如图3-4所示。

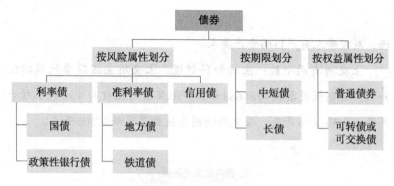

图3-4 债券的分类

按风险属性划分，债券可分为以下几种类型。

- **利率债**。利率债是信用风险极低的债券，主要是中央政府或具有中央政府信用背书的机构发行的债券。第一类是国债，由财政部发行。第二类是政策性银行债，是由三大政策性银行（国家开发银行、中国进出口银行、中国农业发展银行）发行的债券。购买利率债不用担心违约风险，只需要考虑利率涨跌对其价格的影响。
- **准利率债**。准利率债的信用风险仅次于利率债。第一类是地方债，是由省级政府发行的债券。第二类是铁道债，是由铁路总公司发行的债券。购买这类债券也不用担心违约风险。
- **信用债**。信用债就是一般企业发行的债券。如果细究起来，信用债还可以分为由金融机构发行的金融债和一般工商企业发行的普通信用债。金融机构的信用资质高、融资能力强，因此金融债的信用等级普遍要高于普通信用债。

按期限划分，债券可分为中短债和长债。债券的剩余期限越长，久期越大，其价格的波动性越高；债券的剩余期限越短，久期越小，其价格的波动性越低。因此，很多基金公司为了区分风险特性，会发行中短债和长债，以满足投资者的不同风险偏好。

　　按权益属性划分，债券可分为普通债券、可转债或可交换债。普通债券是纯粹的债权，到期后发行人还本付息。但可转债不一样，在上市公司发行可转债时，其发行条款中规定：过了锁定期后，投资者可以将可转债转换为对应的股票。而可交换债是持有上市公司股票的股东发行的特殊品种的债券，在过了锁定期后，投资者可以将可交换债置换成发行人手中的某家上市公司的股票。可转债与可交换债的区别在于：在可转债转换后，上市公司的股本会扩充，相当于增资扩股；可交换债只是将债券和存量的股票做置换。

　　债券基金，就是债券持仓不低于80%的基金。那么，剩下的不超过20%的资金配置给什么资产呢？如果全部资金只能配置债券，不能配置股票，这种债券基金就叫作"纯债基金"。如果不超过20%的持仓配置在股票上，这种债券基金就叫作"混合债基"（混合型债券基金）。当然，还有一类债券基金，主要投资于可转债，这种基金叫作"转债基金"。

　　由于历史原因，在混合债基中，除了投资债券，有的还可参与新股申购（打新），这种债券基金被称作"一级债基"。不过最新的监管规定，一级债基已经没有资格参与股票打新了，但是可以投资可转债。所以，目前混合债基主要参与股票二级市场（当然也包括股票打新），这种债券基金又被称作"二级债基"。债券基金的分类如图3-5所示。

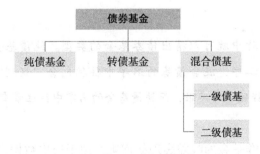

图3-5　债券基金的分类

加了部分股票的混合债基，其长期收益表现肯定好于纯债基金。所以，混合债基属于"攻防均衡型选手"，特别适合想提高收益但又不敢冒太大风险的个人投资者。

 实 例

各种类型的债券基金

招商基金旗下的招商招丰纯债A（代码：003569）由基金经理马龙管理。其招募说明书显示，该基金不能投资股票，债券持仓占比不低于80%，属于纯债基金。

摩根士丹利华鑫基金旗下的大摩多元收益债券A（代码：233012）的基金经理为李轶。其招募说明书显示，该基金可以进行股票打新和二级市场股票投资，持股比例不高于20%，属于二级债基。

富国基金旗下的富国可转债A（代码：100051）的招募说明书显示，债券资产持仓占基金资产的比例不低于80%，其中可转债资产的比例不低于债券资产的80%。该基金属于转债基金。

【小贴士】

从基金名称中就可以猜出债券基金的类型。纯债基金名字中往往带有"纯债"二字，混合债基的名字中往往包含"双利""稳健""增强""增利""强化"等字眼，而转债基金的名字中往往带有"转债"。

这三类债券基金的收益表现如何呢？由于历史数据完整性的关系，我们只统计了2015—2020年这6年间的三类债券基金的收益表现，如

表3-2所示。

表3-2　三类债券基金的复合年化收益率（2015—2020年）

代码	基金的指数类型	复合年化收益率（%）	最大值（%）	最小值（%）	标准差（%）
930609	中证纯债债基指数	4.2	10.0	1.55	3.2
930897	中证非纯债基指数	4.8	12.7	−0.1	4.6
930898	中证转债债基指数	2.4	25.5	−14.5	15.9

注：（1）数据取自2015—2020年的年度收益数据；（2）中证非纯债基指数的成分是混合债；（3）数据来源于Wind。

债券基金的特点就一个字：稳。尤其是纯债债基，几乎不会出现年度级别的亏损，但是其复合年化收益率也不会太高。债券又被称作固定收益，恰如其名。

混合基金

混合基金属于"进可攻、退可守"型的基金。股票基金虽然收益高，但风险也高。债券基金虽然稳健，但收益平平。能不能融合二者，在股票和债券之间自由切换，以提高投资收益、减少波动呢？这就产生了混合基金。

当然，在股票和债券之间自由切换只是混合基金的初心，并不代表在实际运作的过程中就一定能做到。

问题在于：股票和债券的比例如何分配呢？

如果股票占主要持仓（一般在60%～80%），则混合基金被称为"偏股混合基金"。如果债券占主要持仓（一般在60%～80%），则混合基金被称为"偏债混合基金"。而股票与债券的占比比较均衡的混合基金叫作"平衡型混合基金"。

还有一部分混合基金，股票和债券所占比例的自由度极大，股票持仓占比在0%～95%，这类混合基金叫作"灵活配置型基金"。

混合基金的分类如图3-6所示。

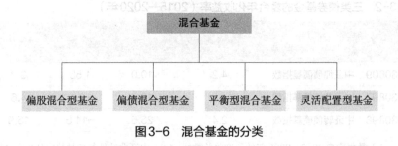

图3-6　混合基金的分类

给你一只混合基金，你如何知道它属于什么类型呢？

阅读该基金的招募说明书，肯定是最准确的方法。当然，大部分第三方基金平台（天天基金网、支付宝等）都会标注混合基金的类型。

 实　例

各种类型的混合基金

中欧基金旗下的中欧阿尔法混合A（代码：009776）的基金经理为葛兰。其招募说明书披露，股票在基金资产中的占比为60%~95%，该基金属于偏股混合型基金。

汇添富基金旗下的汇添富稳健收益混合A（代码：009736）的基金经理为徐一恒。其招募说明书披露，股票在基金资产中的占比为0%～40%，该基金属于偏债混合型基金。

易方达基金旗下的易方达安盈回报混合（代码：001603）的基金经理为张清华。其招募说明书披露，股票在基金资产中的占比不超过50%，债券资产占比不低于50%，该基金属于平衡型混合基金。

易方达基金旗下的易方达大健康混合（代码：001898）的基金

经理为萧楠。其招募说明书披露，股票在基金资产中的占比为
0%~95%，该基金属于灵活配置型基金。

【小贴士】

灵活配置型基金的名称往往带有"灵活配置"字眼（但不绝对）。

货币基金

货币基金，顾名思义，是只投资于货币市场工具的基金。

货币市场工具包括哪些呢？《货币市场基金监督管理办法》指出，
货币基金应当投资于以下金融工具：

（一）现金；

（二）期限在1年以内（含1年）的银行存款、债券回购、中央银行
票据、同业存单；

（三）剩余期限在397天以内（含397天）的债券、非金融企业债务
融资工具、资产支持证券；

（四）中国证监会、中国人民银行认可的其他具有良好流动性的货币
市场工具。

可以看出，货币基金的投资对象都是安全性极高、流动性极好的金
融资产。为什么呢？因为投资货币基金的目的是应付短期流动性的需要。
假如你有一笔钱在一个月之后要用，现在放在银行里又很可惜，那么买
一只货币基金是最佳选择：有一定的收益，几乎不会出现亏损，随时可
变现。

跟银行的定期存款相比，货币基金的投资收益明显要高出一截（见
图3-7）。

图3-7　货币基金的收益

注：（1）中证货币基金指数（代码：H11025）使用月度收益数据，再进行年化；
（2）数据来源于Choice及中国人民银行。

按投资风格分

一只基金产品的投资风格决定了其特性。从基金的投资风格来看，基金可以分为主动管理型基金和被动管理型基金，如图3-8所示。

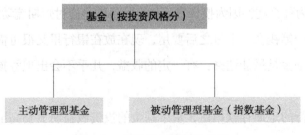

图3-8　基金按投资风格分类

　　主动管理型基金是我们最常见的基金，就是基金经理及投研团队通过发挥自己的主观能动性，精选行业和个股，以图获得超越市场平均水平的业绩。因此，对**主动管理型基金而言，基金公司和基金经理的投研实力是最核心的资产**。散户炒股就属于主动管理型，散户通过精选个股来获取收益。

　　被动管理型基金又被称作指数基金。指数基金的投资方法非常简单，就是基金的持仓高度复制（挂钩）某一市场指数：市场指数的权重股如何分配，指数基金也照搬照抄。在指数基金的管理中，基金经理很难发挥自己的主观能动性，在很多时候就像一个工具人。

　　你可能会有疑问：指数基金操作如此简单，那它能赔钱吗？

　　指数基金是舶来品，起源于美国股票市场。指数基金的出现，蕴含了一个重要的发现：从长期来看，基金经理很难打败市场并创造超额收益。另外，主动管理型基金收取的管理费比指数基金的要高，长期净收益可能还跑不赢大盘。与其这样，不如直接复制市场指数，节约管理成本。

　　这个假设到底成不成立呢？在后面的章节中我们会详细展开分析。

　　当然，主动管理型基金和指数基金也可以进一步细分成更多的类型。在投资基金的时候，由于不同的基金类型对应了不同的收益及风险特性，我们不可不察。

【小贴士】

　　如何区分主动管理型基金和指数基金？通过基金名字就很容易区分。指数基金的名字都会带有"跟踪指数"，而主动管理型基金却没有。

　　例如，华泰柏瑞沪深300ETF（代码：512880），一看名字就知道是指数基金，跟踪沪深300指数。而中欧医疗健康混合A（代码：003095）就是一只主动管理型基金。

主动管理型基金

在所有基金产品中，主动管理型基金占绝对主流，净值资产占比超过90%。债券基金和货币基金几乎均为主动管理型基金（也有极少部分是指数基金）。混合基金肯定为主动管理型基金，而股票基金中的大部分也是主动管理型基金。我们下面讨论的主动管理型基金主要指的是股票基金和混合基金。

大部分基金产品在创设时，都会界定一个明显的投资风格。基金经理在主动管理时，也会带有很强的个人偏好。为什么我们经常说"**选基金就是选基金经理**"？就是因为基金经理的投资偏好在很大程度上影响了这只基金的投资风格。

如何界定一只基金的投资风格呢？我们可以参考晨星公司（Morningstar）的基金评价。晨星公司是世界知名的基金评价公司，对市场上主流基金产品的投资风格、历史业绩做了详细的评价，并给出基金的星级（最低为一星级，最高为五星级）。晨星公司有一个著名的"投资风格箱"，如图3-9所示。

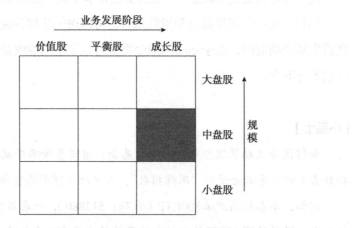

图3-9 晨星公司的"投资风格箱"

晨星公司的"投资风格箱"首先从两个维度来分类。根据上市公司的市值规模，晨星公司将上市公司分成大盘股、中盘股、小盘股。根据上市公司的业务发展阶段，晨星公司将上市公司分成价值股、平衡股和成长股，其中，平衡股属于价值和成长兼有的股票。

第一个问题：如何界定大盘股、中盘股、小盘股？ 晨星公司的做法是，将市场上所有股票按照市值从大到小排列，从市值最大的股票一直往后数，累计占全市场70%市值的股票，都属于大盘股。接下来累计占全市场20%市值的股票，属于中盘股。剩余的占全市场10%市值的股票属于小盘股。按照这个规则，截至2020年年底，A股市场大盘股的总市值应在300亿元以上，中盘股的总市值在70亿～300亿元，市值小于70亿元的都属于小盘股。从中美股市的历史回报数据来看，按照投资回报率排序，小盘股＞中盘股＞大盘股。股票的市值越小，流动性越差，需要的回报补偿越多。

第二个问题：如何界定价值股、成长股和平衡股？ 简单来说，价值股意味着公司业务非常成熟，利润增长稳定（有稳定分红），公司业务很稳，不会大起大落，当然业绩快速增长的希望渺茫。而成长股意味着公司业务迅速发展或未来有很大的发展潜力，目前利润可能很少，但公司的收入、市场份额提升很快，或处于高研发投入期。平衡股处于价值股和成长股之间。

晨星公司给出了五个因子来进行股票定量打分，以判断其到底是价值股还是成长股，如表3-3所示。

表3-3　晨星的股票打分因子及权重

价值股得分因子及权重		成长股得分因子及权重	
因子	权重	因子	权重
预期的市盈率（P/E）	50.0%	预期的利润增长率	50.0%
市净率（P/B）	12.5%	历史的利润增长率	12.5%
市销率（P/S）	12.5%	收入增长率	12.5%
股价与现金流比率（P/CF）	12.5%	现金流增长率	12.5%
股息率	12.5%	净资产增长率	12.5%

　　我们不必纠结于具体的计算公式，只要记得：**价值股的衡量标准是公司收入、利润、分红等指标是否成熟、稳定，主要看现状，类似于中年人。而成长股的衡量标准是公司在收入、利润、现金流等方面的增长速度，主要看未来，类似于青少年。**

　　除了上述晨星公司界定的业务发展阶段和规模两个维度，很多基金属于行业性基金：只投资于特定的一个或几个行业。例如，赢利能力和成长性较好的医药、消费、健康、高端制造、TMT（科技、媒体和通信）等行业，都有大量对应的基金产品。

　　当然，每个行业都有自己的风格，例如：医药行业极具发展潜力，属于高速增长行业，因此医药行业的股票大多属于成长股；而金融行业太成熟了，盈利和收入都非常稳定，因此银行股属于典型的价值股。

👁 实 例
不同基金有不同的投资风格

　　易方达中小盘混合（代码：110011）是易方达基金旗下的一只偏股混合型基金，基金经理张坤。其招募说明书显示，该基金主要挖掘高成长性的中小盘股票。

　　景顺长城绩优成长混合（代码：007412）是景顺长城旗下由刘彦春管理的一只混合基金。根据名称我们就可得知，该基金同时聚焦于价值股（绩优）和成长股。

　　中欧医疗创新股票A（代码：006228）是中欧基金旗下的一只股票基金，基金经理葛兰，该基金聚焦医药及医疗行业。

基金内幕
你持有的基金的投资风格可能会漂移

虽然招募说明书中会明确一只基金的投资风格、行业或主题，但说是一回事，做却是另外一回事。很多基金的持仓跟预先设定的投资风格不完全相符，甚至南辕北辙，这叫作基金的"风格漂移"。

以易方达中小盘混合（代码：110011）为例，2020年年末的前几大持仓如表3-4所示。

表3-4　易方达中小盘混合的重仓持股（2020年年末）

序号	股票代码	股票名称	占净值比例（%）	持股数（万股）	持仓市值（万元）
1	600519	贵州茅台	9.96	200.00	399 600.00
2	002304	洋河股份	9.83	1 670.00	394 103.30
3	000568	泸州老窖	9.75	1 730.00	391 256.80
4	000858	五粮液	9.74	1 338.00	390 495.30
5	600763	通策医疗	6.41	930.02	257 168.11

可以看出，这只基金的前几大持仓全部是大盘股，跟中小盘毫无关系。

国泰互联网＋股票（代码：001542）是国泰基金旗下的一只基金产品，成立于2015年8月4日。其招募说明书显示的投资范围是："基金的投资组合比例为，本基金投资于股票资产的比例不低于基金资产的80%，投资于基金合同界定的互联网＋主题证券资产占非现金资产的比例不低于80%。"

但是该基金在2017年发生过大幅度的风格漂移。2017年年末披露的重仓股，如表3-5所示。

表3-5 国泰互联网+股票的重仓持股（2017年年末）

序号	股票代码	股票名称	占净值比例（%）	持股数（万股）	持仓市值（万元）
1	600519	贵州茅台	9.35	61.57	42 943.27
2	600809	山西汾酒	9.29	748.56	42 660.27
3	600702	ST舍得	9.18	903.55	42 159.64
4	600036	招商银行	9.17	1 451.66	42 127.22
5	000858	五粮液	9.13	524.93	41 931.70
6	601318	中国平安	8.97	588.72	41 198.37
7	601601	中国太保	8.80	975.17	40 391.37
8	600887	伊利股份	8.28	1 181.38	38 028.48
9	000568	泸州老窖	7.40	514.84	33 979.57
10	000725	京东方A	2.66	2 109.90	12 216.32

这只基金的持仓主要以白酒和金融行业为主，其中白酒股占比超过44%。

从2018年年底开始，该基金才逐步转向招募说明书所宣称的"互联网+"主题的股票。

根据申万宏源证券的行业分类标准，所有A股上市公司被分成28个一级行业、104个二级行业。主流的一级行业，比如金融、地产、医药、电子等，都有对应的行业主题的基金产品。每个行业的成熟度和成长性均不相同，在很大程度上决定着这个行业主题的基金未来收益的表现。在后面的章节中，我们会对几个主流行业做详细的介绍。

还有些主动管理型基金，聚焦于某个主题（比如5G通信、央企和国企改革、环保等），在某个主题下横跨整个产业链，涉及多个行业。另外，有些基金聚焦于某个投资策略，比如高分红的股票、Smart-beta等。

指数基金

指数基金是指持仓配置高度复制某个市场指数的基金产品，属于被动型基金，基金经理的主观能动性较差。

这里面有两个问题：第一，什么是市场指数？第二，被动地跟踪某个市场指数，真的能赢主动管理型基金？我们接下来一一说明。

什么是市场指数

截至2020年年底，国内股票市场总计4 000多只股票，分布在不同的行业。如何知道股市整体的涨跌情况呢？市场指数的创建，就是为了让大家对股市的走势有个整体的感知。关注美股的朋友经常会听到标普500指数、纳斯达克指数、道琼斯指数等，这些指数都属于市场指数。

市场指数又分为宽基指数和窄基指数。所谓宽基指数，是指不限于特定行业或主题，主要反映市场整体走势的指数，一般按照规模进行分类。例如，上证50指数、上证180指数、沪深300指数、中证500指数、创业板指数等，都属于宽基指数。

窄基指数聚焦于某个特定行业、主题或策略，比如医药、银行、地产、消费、5G通信、环保等。

 延伸阅读

沪深300指数的构成和计算方式

沪深300指数（代码：000300）是最常用的宽基指数。该指数的成分股由上海和深圳证券市场中市值大、流动性好的300只股票组成，综合反映了中国A股市场中上市股票价格的整体表现。其计算公式为：

$$当前指数点位 = \frac{当前成分股的流通市值之和}{基日当天的成分股流通市值之和} \times 1\,000$$

沪深300指数选取2004年12月31日为基日，当天指数为1 000点。2020年年底，沪深300指数为5 211.29，那么过去16年股市整体上涨了4.2倍（不考虑现金分红）。如果考虑现金分红，则使用沪深300全收益指数（代码：H00300），2020年年末该指数为6 790.39，那么在过去16年间股市整体上涨了5.8倍（考虑现金分红），复合年化收益率为12.7%。

👁 实 例

几个窄基指数

中证医药100指数（代码：000978）属于医药行业的窄基指数。该指数由医药卫生和药品零售行业市值较大的100只股票组成，以反映医药相关行业股票的整体走势。如果看好医药行业并想有所投资，买挂钩中证医药100指数的基金就可以实现。

中证主要消费指数（代码：000932）由中证800指数样本股中的主要消费行业的股票组成，以反映该行业股票的整体表现。目前该指数包含50多只消费类股票，涉及酒、调味品、食品等行业的上市公司。

延伸阅读

为什么我建议使用全收益指数？

在讲述指数基金或者将主动管理型基金与市场大盘指数比较时，我基本都使用全收益指数，而不是最常见的净收益指数。

比如，沪深300指数是净收益指数，当成分股有分红派息时，该指数不做任何指数修正，任其自然回落。因此，净收益指数并不能完整反映大盘指数的上涨，因为分红派息也是我们投资收益中重要的一部分。

为了弥补净收益指数的缺点，全收益指数应运而生。比如，沪深300全收益指数在成分股有分红派息时，对指数进行调整，以反映市场真实的投资收益。

从短期来看，净收益指数和全收益指数的差别并不大，但时间一长，分红派息所带来的差别就越来越明显。以沪深300指数为例，2005—2020年，沪深300指数累计上涨4.2倍，而沪深300全收益指数累计上涨5.8倍，如图3-10所示。这中间的差距就是来源于成分股的分红派息，以及分红再投资。

不只是沪深300指数，其他的主流市场指数都会有对应的全收益指数。

在后面对基金进行收益比较时，我将尽可能使用全收益指数，这样更加公允。

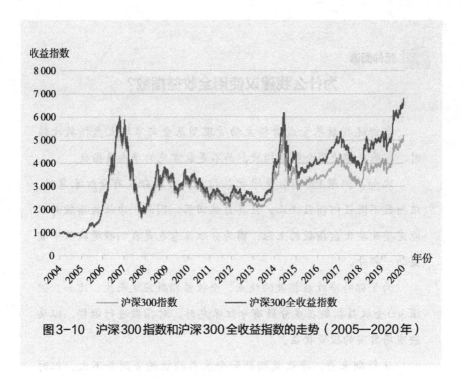

图3-10　沪深300指数和沪深300全收益指数的走势（2005—2020年）

指数基金能打败主动管理型基金吗

世界上第一只指数基金诞生于1975年的美国市场，创建者是指数基金之父约翰·伯格。历经几十年的发展，指数基金在美国从星星之火已发展为燎原之势。指数基金的蓬勃发展验证了一个理论：主动管理型基金的基金经理很难持续打败市场指数。

　延伸阅读

巴菲特的赌局

股神巴菲特在2008年以2008—2017年的10年期为限，认为主动管理型基金组合肯定跑不过美国股市指数（标准普尔500指数）的总收益。对冲基金经理泰德·西德斯应战，精心挑选了5只主动管理型基金组合。

2017年期限一到，泰德·西德斯挑选的5只主动管理型基金组合的复合年化收益率只有3.1%，而同期标准普尔500指数的复合年化收益率则高达8.5%。

巴菲特之所以赢得赌局，一是因为美国股市是高度有效的，主动选股打败市场指数太难；二是因为主动管理型基金的管理费都很高，而指数基金的管理费很低，时间一长，二者的差距就显出来了。

约翰·伯格认为，主动管理型基金之所以难以打败指数基金，有三个重要原因。

- 市场上主动管理型基金的数量庞大，找到未来业绩表现优秀的基金的难度太大，近乎"在干草堆里找针"，还不如"直接买下整个干草堆"。
- 主动管理型基金的综合费率比指数基金高很多（一般高1%/年以上）。由于时间的复利效应，这1%/年以上的成本差异导致主动管理型基金的收益追不上指数基金。
- 美国股票市场高度有效，价格较为充分地反映了市场信息。

问题在于：中国A股市场是不是也如此呢？

相关统计数据显示，中国并不像美国那样。**目前A股市场上的主动管理型基金还是能够持续打败指数基金的。**

我们以2011—2020年的数据为例，中证主动股基指数（代码：930890）的总回报是2.71倍，复合年化收益率为10.5%。而中证被动股基指数（代码：930891）的总回报是1.64倍，复合年化收益率为5.1%。主动管理型基金跑赢指数基金5.4%。

如果我们以三年为一个投资期限，那么在2011—2020年，总共有2011—2013年、2012—2014年、2013—2015年等8个滚动周期。我们来看看主动管理型基金和指数基金在这8个滚动周期内复合年化收益率的差距，如表3-6所示。

表3-6　中证主动股基指数的三年滚动收益率（2011—2020年）

考核期间（3年期）	3年期复合年化收益率		收益差
	主动管理型基金	指数基金	
2011—2013年	-0.9%	-8.1%	7.2%
2012—2014年	11.9%	14.8%	-2.9%
2013—2015年	25.2%	14.4%	10.8%
2014—2016年	12.5%	10.8%	1.7%
2015—2017年	10.6%	0.3%	10.3%
2016—2018年	-12.5%	-8.2%	-4.3%
2017—2019年	6.5%	6.3%	0.2%
2018—2020年	20.5%	12.4%	8.1%

为什么美国市场上的主动管理型基金很难持续打败指数基金，而国内A股市场上的主动管理型基金却持续表现优秀呢？

一个关键原因是，在国内A股市场中，由于投资者结构的原因，市场有效程度较低。目前，在A股市场所有的流通市值中，剔除掉一般法人所持有的股份（企业股东一般不轻易交易股票），剩下的就是机构投资者和散户。其中，散户的持仓占比在60%左右。由于专业能力远远不及机构投资者，散户追逐热点、追涨杀跌、短线操作的方式使得其整体投资都是亏损的。而基金公司作为机构投资者，通过收割散户，就能获得不菲的收益。因此，主动管理型基金一直能够跑赢大盘指数并获得超额收益。这也是我建议大家在没有专业能力的情况下，更合适买基金的根本原因。

不过，随着机构投资者在A股市场中的占比越来越高，A股市场的有效程度在逐步提高。我们有理由相信，随着时间的推移，指数基金的价值会越来越大。

按运作方式分

假如你看好一只基金，是否马上就要购买呢？这可未必，你得看这只基金的运作方式。

公募基金按运作方式分为两种：开放式基金和封闭式基金（见图3-11）。开放式基金的基金规模不是固定不变的，可以根据市场情况和客户需求随时向投资者开放，由投资者申购或赎回。而封闭式基金在运作期间不允许申购和赎回。开放式基金还可以进一步细分为普通开放式基金和定期开放式基金（简称定开）。

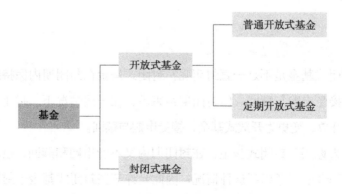

图3-11 基金分类（按运作方式分）

👁 **实　例**

基金的不同运作方式

　　华安聚优精选混合（代码：009714）是华安基金旗下的一只偏股混合型基金。该基金是普通开放式基金，起购金额为100元，投资者可随时申购和赎回。

　　汇添富3年封闭竞争优势混合（代码：007639）是一只封闭式基金，由汇添富基金公司发行，其成立日期是2019年9月4日。基金合同生效后3年之内（含3年）为封闭期，在此期间，该基金不办理申购、赎回业务。该基金在封闭期届满后转为开放式运作，投资者可在开放日办理基金份额的申购和赎回。

　　民生加银基金旗下的民生加银新动能一年定开混合A（代码：009659）属于定期开放式基金。该基金每年开放一次，每次开放时间为2～20个工作日，在开放期内允许投资者申购和赎回。该基金在开放期结束后进入封闭期，投资者在封闭期内不得申购和赎回。

　　封闭式基金是不是一直封闭呢？封闭式基金在封闭期内保持封闭运作，不接受申购与赎回。但封闭期结束后，在一般情况下，封闭式基金会重新开放，变更为开放式基金，接受申购与赎回。

　　如果你买了封闭式基金，在封闭期内又不能申购和赎回，岂不是很难受？基金公司考虑到这种情况，因此允许某些封闭式基金于封闭期内在交易所上市交易，基金持有人可以在二级市场买卖，类似于LOF基金的二级交易。

👁 **实 例**

封闭式基金

中欧创新未来18个月封闭混合（代码：501208）是中欧基金旗下的一只封闭式基金，封闭期为18个月，成立日期为2021年1月9日。该基金在封闭期内可在上交所上市交易。在18个月的封闭期结束后，该基金自动转为中欧创新未来混合型证券投资基金（LOF），变成开放式LOF基金，接受场外、场内的申购和赎回。

封闭式基金和定期开放式基金的不同之处在于：定期开放式基金会设定一个统一的封闭期和开放时点，所有投资者在统一规定的开放时点申购或赎回，在开放期（一般是2~20个工作日）结束后，定期开放式基金统一进入封闭期运作；而封闭式基金一旦进入封闭期，就无法申购或赎回，直到封闭期结束。

那么，是不是只要是普通开放式基金，投资者就可以随时申购呢？一般情况下是这样的，但是基金公司都有一个特权：**基金公司可以根据市场环境变化，临时决定暂停申购**。所以我们常常看到，在牛市期间，一些前期业绩表现非常好的基金就会暂停申购，以防止新增资金涌入导致建仓成本抬升。由于前期建仓成本低，这种暂时封闭的基金业绩往往位居前列，因此，临时决定暂停申购通常是基金公司的"小把戏"。还有一种情况就是限制大额申购，即"限大额"，比如每个账户每天只能申购1 000元，以防止过量资金涌入基金市场，加大基金的管理难度。

👁️ **实 例**

暂停申购或限大额的基金

睿远基金旗下的睿远成长价值混合基金由傅鹏博管理，其中A类份额代码为007119，C类份额代码为007120。自该基金2019年3月26日成立以来，其业绩表现优秀。2020年7月，基于对市场的判断，维护现有基民的利益，该基金从2020年7月27日起暂停申购（包括基金定投）。2020年9月16日，该基金又恢复了申购，但申购限大额："单日单个基金账户累计申购（含定期定额投资）本基金A类或C类基金份额总金额均应不高于1 000元。"

开放式基金中还有一个比较特别的种类：有最低持有期限要求的基金。这类基金虽然每日开放申购，但是你一旦成功申购了一定份额，就会被要求在持有期满一定时间后才可以申请赎回。我称这类基金为"坐牢×年"基金。别小看这种基金，它往往能管住基民闲不住的手，让他们获得惊喜的收益。

👁️ **实 例**

有最低持有期限要求的基金

睿远基金旗下的睿远均衡价值三年持有混合基金由赵枫管理，其中A类份额代码为008969，C类份额代码为008970。该基金为开放式基金，但该基金每份基金份额设定了锁定持有期，锁定持有期为三年。在锁定持有期到期后，该基金进入开放持有期，每份基金份额自开放持有期首日起才能办理赎回。

　　面对这三种基金运作模式，我们在买基金时应该怎么选择呢？如果从自由度来看，普通开放式基金肯定是自由度最高的，可随时申购和赎回。但正是由于这样的高自由度，大部分基民都陷入了追涨杀跌的状态：在牛市高点大量买入基金，在股市低位赎回基金，割肉离场。所以，虽然从长期来看基金都是赚钱的，但能持续赚到钱的散户很少，就是因为散户管不住自己的手。笔者建议，如果没有相当的专业技能，大家最好在股市处于熊市时买入封闭式基金或有最低持有期限要求的基金，期限越长越好，最好是三年持有期。这种"坐牢3年"组合，在大概率上会为你带来不菲的投资收益。

按交易方式分

　　一只基金的申购赎回（或交易）的场所，主要分为场内与场外。何谓"场"？"场"指的就是证券交易所（包括上交所和深交所）。场外基金就是在交易所之外申购赎回的基金。比如，我们通过网银App、支付宝、天天基金网等渠道购买的基金，都属于场外基金。场外基金在基金中占很大比例。

　　场内基金，顾名思义，就是在证券交易所申购赎回（或买卖）的基金。这种基金的买卖类似于买卖一只股票：输入代码，买入或卖出即可。

　　为什么会有场内基金呢？相对于场外基金，场内基金确实有很大的便利。

- **场内基金的交易费用都比场外基金的低。**传统的场外基金在申购赎回时均需通过基金公司的统一操作，基金持有人之间无法相互转让；而场内基金支持二级交易，因此基金持有人之间可以相互买卖，不影响基金的总体份额，这样就降低了基金公司的管理成本。
- **场内基金的买卖速度更快。**对于传统的场外基金，申购赎回往往需要两个工作日，而场内基金只需要一个工作日即可结算成功。

场内基金也有两种细分类型：ETF基金和LOF基金。

ETF基金

ETF基金（Exchange Traded Fund）属于场内基金，中文名叫交易所交易基金，是一种在交易所上市交易的开放式基金。ETF基金的特点是可以在二级市场买卖，如同买卖一只股票一样。其成交价格根据买卖双方的价格而定。ETF基金也可以申购和赎回，但必须用实物申赎。简单地说，申购ETF基金时，你必须先准备好ETF基金里面的一篮子股票，然后找基金公司兑换ETF基金的份额。赎回也是如此，取回来的不是现金，而是一篮子股票。

对个人投资者来说，实物申购的可操作性不大，毕竟需要准备几十只甚至几百只股票。所以个人投资者参与ETF基金，都是在证券交易所二级市场买卖成交的，操作方法和买卖股票一样：投资者首先需要一个证券账户，然后在券商App中操作即可。对于喜欢投资指数基金的投资者来说，ETF基金是一种不错的投资标的。

绝大部分ETF基金都是挂钩某一指数的指数基金。目前市场上规模较大的ETF基金如表3-7所示。

表3-7　目前市场上规模较大的ETF基金

代码	简称	基金公司	跟踪指数
510050.SH	上证50ETF	华夏基金	上证50指数
510500.SH	中证500ETF	南方基金	中证500指数
510300.SH	沪深300ETF	华泰柏瑞基金	沪深300指数
510330.SH	300ETF基金	华夏基金	沪深300指数
512880.SH	证券ETF	国泰基金	中证全指证券公司指数

（续表）

代码	简称	基金公司	跟踪指数
159919.SZ	300ETF	嘉实基金	沪深300指数
515050.SH	5GETF	银华基金	中证5G通信主题指数
510180.SH	上证180ETF	华安基金	上证180指数
159915.SZ	创业板	易方达基金	创业板指数
159995.SZ	芯片ETF	华夏基金	国证半导体芯片指数
512000.SH	券商ETF	华宝基金	中证全指证券公司指数
159949.SZ	创业板50	华安基金	创业板50指数
512760.SH	国泰CES芯片ETF	国泰基金	国证半导体芯片指数
512960.SH	央调ETF	博时基金	中证央企结构调整指数
512950.SH	央企改革ETF	华夏基金	中证央企结构调整指数
515000.SH	科技ETF	易方达基金	中证科技50指数

LOF基金

　　LOF基金（Listed Open-Ended Fund）属于场内与场外"双修"的基金，中文名叫上市型开放式基金，属于具有中国特色的产品。普通的开放式基金能够在场外申购，却不方便在二级市场转让。如果投资者A想申购某只LOF基金，而投资者B恰好想赎回这只基金，并且双方在场内（证券交易所）达成买卖协议，那就再好不过了，这将极大地节约交易成本。方法很简单：把场外的开放式基金改造一下，让其在证券交易所上市，允许其在场内进行交易。这种可以上市交易（转让、申购、赎回）的开放式基金就叫LOF基金。所以LOF基金既可以场外申购和赎回，也可以场内申购和赎回。

实 例

LOF基金

兴全趋势投资混合（LOF）是由兴证全球基金发行的一只LOF基金，既可以在场外申购，也可以在场内申购。场外申购的方法与普通的开放式基金一样。以支付宝为例，在支付宝基金模块中输入代码163402，即可申购。

在场内二级市场买入，意味着你从别的持有这只基金的投资者手中买入，买入方法和买入股票的方法完全相同。在任何一家券商App中，输入代码163402，即可购买，具体成交价格以买卖双方约定的价格为准。

如果是场内申购呢？券商App中都会有"场内基金"模块，投资者可以在其中申购和赎回，代码依然是163402。这样购买的基金就属于场内基金。

LOF基金有三种形态：场外申购的份额、场内申购的份额、场内二级市场成交的份额。这三种形态之间是可以互转的。例如，在场内申购成功后，场内申购的份额可以直接在证券交易所卖出；场外申购的份额也可以通过转托管，变成场内份额。从交易成本上看，场内二级市场买入的费用最低，其次是场外申购（一般申购费会打一折），场内申购的费用最高（很多时候，申购费不打折或折扣很小）。

有的投资者可能发现：既然场内和场外的份额可以互转，那么会不会存在价格差及套利空间？价格差现象在LOF基金中比较普遍。申购的净值是按照持仓的公允价值计算的，而场内二级市场交易是买卖双方通过报价撮合而成的，两者的价格未必相同，从而存在套利空间。不过，由于转托管需要2~3天的时间，因此套利能否实现还是一个未知数。

LOF基金的几种申购方式对比如表3-8所示。

表3-8　LOF基金的几种申购方式对比

对比项目	场外申购	场内申购	场内二级购买
申购费率	1.50%，大部分渠道一折优惠，即0.15%	1.50%，一般不打折或折扣较少	没有申购费。只有少量的券商佣金费用，一般在万分之二和万分之五之间
确认份额时间	T+1或更长	T+1或更长	T+1
赎回费率	根据持有天数而定。在一般情况下，持有7天以内1.5%，持有2年以上不收取	根据持有天数而定。在一般情况下，持有7天以内1.5%，持有2年以上不收取	没有赎回费。只有少量的券商佣金费用，一般在万分之二和万分之五之间
赎回到账时间	T+1或更长	T+1或更长	T+1

 延伸阅读

LOF基金与ETF基金的区别在哪儿？

LOF基金与ETF基金具有高度的相似性：都是场内基金，都能在证券交易所二级市场交易。但两者还是有些区别的，如表3-9所示。

表3-9   ETF基金与LOF基金的区别

区分维度	ETF基金	LOF基金
投资风格	几乎全部为指数基金	指数基金和主动管理型基金都有，主动管理型基金占主流
场内/场外	场内	场内 + 场外
申购	场内实物（一篮子股票）申购	现金申购，场内场外均可
赎回	场内实物（一篮子股票）赎回	现金赎回，场内场外均可
二级市场交易	支持	支持
管理费/年	0.5%	1.5%（主动管理型基金）
托管费/年	0.1%	0.2%～0.25%（主动管理型基金）

所以，偏好指数基金的投资者，买ETF基金更合适，而偏好主动管理型基金的投资者，可以选择LOF基金。

没有证券账户怎么办

相比于场外基金，场内基金在费率成本、成交速度方面都具有优势，但是需要投资者事先开立证券账户。这对炒股的散户来说，不是问题。对没有证券账户的投资者而言，他们如何购买场内基金呢？基金公司早就想到了这个问题，因此推出了场内基金的联接基金。例如，如果场内有一只ETF基金，那么基金公司往往会同时发行一只联接该ETF基金的场外基金，即使投资者没有证券账户，也可以通过场外渠道来申购该基金。

ETF联接基金绝大部分（90%左右）的资金投资于对应的场内ETF基金，剩余的小部分（10%左右）用于应付日常的基金净赎回。

实 例

ETF联接基金

华夏上证50ETF（代码：510050）是华夏基金推出的一只挂钩上证50指数的ETF基金，属于场内基金。对应的场外联接基金是：华夏上证50ETF联接A（代码：001051）和华夏上证50ETF联接C（代码：005733）。其招募说明书披露，该联接基金至少90%的资金投向目标ETF基金（华夏上证50ETF），剩余不到10%的资金作为应付净赎回的流动性资金。

表3-10展示的是部分ETF基金及其对应的ETF联接基金。

表3-10　部分ETF基金及其对应的ETF联接基金

基金公司	ETF基金		对应的ETF联接基金	
	代码	简称	代码	简称
华夏基金	510050.SH	上证50ETF	001051.OF	华夏上证50ETF联接A
南方基金	510500.SH	中证500ETF	160119.OF	南方中证500ETF联接（LOF）A
华泰柏瑞基金	510300.SH	沪深300ETF	460300.OF	华泰柏瑞沪深300ETF联接A
华夏基金	510330.SH	300ETF基金	000051.OF	华夏沪深300ETF联接A
嘉实基金	159919.SZ	300ETF	160706.OF	嘉实沪深300ETF联接（LOF）A
易方达基金	159915.SZ	创业板	110026.OF	易方达创业板ETF联接A

如何选择

至此，我们对市面上的基金做了详细的分类，这些分类都是根据不同的标准进行的。因此，一只基金往往属于多个基金类型。

 实 例

一只基金具有多个属性

华泰柏瑞沪深300ETF（代码：510300）是一只ETF基金，属于场内基金。同时，它又是股票基金，而且是宽基指数基金，挂钩沪深300指数。该基金也是开放式基金，可以随时申购和赎回。

当然，只知道基金的种类还不够。更重要的是，如何根据自己的投资收益目标和风险偏好，选择适合自己的基金。关于选择基金的技巧，我们在后面的章节中会加以详述。

相关的术语和指标

"工欲善其事,必先利其器。"投资者要买基金,除了要了解基金的各种分类,还需要了解买卖基金时所涉及的各种术语和相关技术指标,这样才能更充分地了解一只基金,挖掘出牛基。

基金的名称及代码

别小看基金的名称,投资者通过基金的名称基本就能知道这只基金的管理人(基金公司)、投资范围、投资风格、是场内还是场外等。

比如,汇添富中盘价值精选混合A(代码:009548)的拆解如表4-1所示。

表4-1 汇添富中盘价值精选混合A基金

汇添富	中盘价值精选	混合	A
基金公司: 汇添富基金	投资风格: 投资于中盘股中的价值型股票	基金类型: 混合型基金	份额类型

农银汇理金穗纯债3个月定开债(代码:003526)的拆解如表4-2

所示。

表4-2 农银汇理金穗纯债3个月定开债基金

农银汇理	金穗	纯债	3个月定开债
基金公司： 农银汇理基金	基金系列名称	基金类型： 纯债的债券型基金	基金运作方式： 定期开放式，封闭期为3个月

华夏中证5G通信主题ETF（代码：515050）的拆解如表4-3所示。

表4-3 华夏中证5G通信主题ETF基金

华夏	中证5G通信主题	ETF
基金公司： 华夏基金	跟踪指数： 中证5G通信主题指数	基金交易方式： ETF基金，场内交易

博时现金收益货币A（代码：050003）的拆解如表4-4所示。

表4-4 博时现金收益货币A基金

博时	现金收益货币	A
基金公司： 博时基金	基金类型： 货币基金	份额类型

广发理财30天债券A（代码：270046）的拆解如表4-5所示。

表4-5 广发理财30天债券A基金

广发	理财30天债券	A
基金公司： 广发基金	基金类型： 短期理财债券型基金，最短 持有时间为30天	份额类型

基金名称是唯一的，投资者通过基金名称可以知道基金的管理人、基金类型及份额类型等信息。同时，基金产品还有唯一的6位数代码。我

们在任何渠道购买基金时，直接输入代码，就能快速搜出这只基金。基金的"名称－代码"机制，和股票的"名称－代码"机制是一样的，都是为了便于交易。

【小贴士】

在本书中，我们提到基金名称时，后面往往会带上这只基金的代码。

基金的申购与赎回

我们常说的"买"基金，其专业的说法是"申购"。在你申购成功一只基金后，基金公司拿到了你的钱，并将其纳入资金池，为你投资管理。

你卖掉一只持有的基金，其专业说法叫"赎回"。基金公司会根据你所持有的基金份额，计算你持有的市值，并把现金退还到你的账户。

不过，如果你购买的是正在募集发行的新基金，这种操作就不再叫"申购"了，而是叫"认购"。认购和申购的区别在于：在一般情况下，如果基金处于开放申购状态，那么申购多少金额都能成功（除非限大额，比如每天申购资金不得超过1 000元），而认购未必都能全额购买。很多爆款基金发行时，其认购资金远远超过预定的目标募集金额，此时你认购的资金只能按照比例享受一定的配额。

 实 例

基金的认购

2020年2月18日，传奇基金经理陈光明创立的睿远基金发售第二只公募基金睿远均衡价值三年持有混合基金（A类份额代码为008969，C类份额代码为008970）。该基金计划募集60亿元，但销售火爆，认购资金突破了1 200亿元，最终配售比例在5%左右。也就是说，假设你认购了1万元该基金，最终认购成功的只有500元。

还有一种很特别的基金：场内基金。场外基金的申购和赎回操作都是基民与基金公司之间发生关系：基民申购，则基金份额增加，基金经理拿到钱去投资；基民赎回，则基金份额减少，基金经理筹措现金给基民兑付。场内基金当然也支持申购和赎回，但更常见的是二级市场的份额转让。所以在场内买卖基金，就像买卖股票一样，基金的总份额不变，只是在基金持有人之间互相转让。

 实 例

场内基金的交易

易方达基金旗下的场内基金易方达创业板ETF（代码：159915）属于ETF基金，挂钩创业板指数。投资者在券商App中输入"159915"，可以直接完成该基金的购买。但这个动作不叫申购，而属于二级市场交易。在持有一段时间后，投资者可以继续在券商App中将该基金变现，这个动作也不叫赎回，而叫卖出。场内基金的操作过程与买卖股票无异。

我们关心的是，申购与赎回的周期有多长？这里面涉及一个概念：T日。

什么是"T日"？当我们在工作日下午15：00之前申购了一只基金时，申购当日即为T日。如果我们在当天下午15：00之后申购呢？就算到下一工作日申购了，即下一工作日为T日。

在T日申购完毕，当天闭市之后，基金的单位净值就算出来了。在T+1日，基金公司根据前一日的单位净值，计算你申购资金所对应的份额。因此，在T+1日，你就能查询到所申购的基金份额。在T+2日，你就有权卖出你的基金份额了。

赎回也是类似的流程。在T日操作赎回申请后，基金公司在T+1日为投资者办理扣除权益的登记手续。具体资金什么时候能够到账，取决于不同的产品：货币基金比较快，一般T+1日即能到账；而债券基金、股票基金、混合基金，在T+2日至T+4日到账；如果是QDII（合格境内机构投资者）基金，则时间更长。

对于中港互认基金的赎回情况，T日申请赎回，T+2日予以确认，T+3日可查询赎回是否成功，赎回资金在T+10个工作日内可到账。注意，中港互认基金的交易日为内地和香港的共同交易日。

基金的典型申购与赎回流程如图4-1所示，最关键的是下面几点。

- "T日"中的日，指的都是交易日（证券交易所开市）。如果9月30日是T日，则T+1就是10月8日（如果10月8日是周末，则继续顺延到下周一）。
- 如果在交易日当天15：00之前操作申购或赎回，则交易日当天算作T日；如果在当天15：00之后操作申购或赎回，则下一交易日就是T日，即下一交易日申购或赎回有效。
- 不管是申购还是赎回，一般都是在T+1日确认份额或扣除份额。具体资金何时到账，取决于具体的产品类型。

图4-1 基金的典型申购与赎回流程

实 例

基金的申购与赎回流程

2020年8月28日（周五）上午10点，你申购了华夏基金的华夏红利混合（代码：002011），金额1万元。当天下午16：00点，你又申购了此只基金，金额2万元。

第一笔申购资金，T日（2020年8月28日）生效，份额登记确认时间为T+1日，即2020年8月31日（周一）。在T+2日，即2020年9月1日（周二），持有的份额开放赎回。

第二笔申购资金，T日为2020年8月31日（周一）。在T+1日，即2020年9月1日（周二），份额登记确认。在T+2日，即2020年9月2日（周三），持有的份额开放赎回。

基金的份额与净值

在申购一只基金时，我们往往听到一句话："**金额申购，份额赎回。**"这句话的意思是，在申购基金时，我们只能确定申购的金额，比如说10万元，但我们并不知道能获得多少份额，因为申购时所对应的净值还没有算出来；在赎回时，我们所持有的份额是确定的，但赎回时的净值也没有算出来，因此在赎回时，我们并不知道能够赎回多少金额。申购和赎回的操作引发了基金产品中最重要的两个概念：份额与净值。

不管是股票基金、债券基金还是混合基金，在发行募集时，其初始单位净值都是1.0元（个别的可能有例外）。假设基金A最初募集了2亿元，则这只基金的初始份额正好为2亿份。在募集期结束后，基金开始运作并建仓。随着持仓资产的涨跌，基金的净资产每日也会波动，对应的基金单位净值也会波动，但份额不会改变。

$$基金的单位净值=\frac{基金净资产}{基金总份额}$$

假设基金A的价格随后上涨了20%，单位净值从1.0元上涨到1.2元。在第二天上午，你申购了10万元的基金A，打折后的申购费率为0.15%，那么你能够获得多少份额呢？

你在当天上午购买时，并不知道能够获得多少份额，因为当日的净值要到闭市后才能出结果。假设当晚的单位净值从昨日的1.2元上涨到1.25元，那么接下来你需要采取以下步骤。

第一步，计算你的净申购金额，即扣除申购费之后的净额：

$$净申购金额=\frac{申购金额}{1+申购费率}=\frac{100\ 000}{1+0.15\%}\approx99\ 850.22（元）$$

很多小伙伴可能很奇怪：为什么计算不是按照"申购金额"直接乘以申购费率？因为申购费率是按照净申购份额收取的，因此：

$$申购费=净申购金额 \times 申购费率=99\ 850.22 \times 0.15\%$$

投资者所需要付出的总金额计算如下：

$$总金额=净申购金额+申购费=99\ 850.22 \times（1+0.15\%）\approx100\ 000（元）$$

因此，当我们付出10万元申购基金A时，其实10万元是包含费用在内的总打包金额。

第二步，计算净申购金额能够获得多少份额：

$$申购份额 = \frac{净申购金额}{申购当日基金的单位净值} = \frac{99\ 850.22}{1.25} = 79\ 880.176\ (份)$$

这个申购份额就是你一直所持有的份额，持有期间保持不变，你的收益主要来源于单位净值的增长。

在若干天之后的一个上午，你赎回了全部的份额。在赎回时，你并不知道能赎回多少金额，因为当日的净值要到闭市后才能算出来。假设当日的净值结果为1.34元，则你能够获得的赎回总金额计算如下：

$$赎回总金额 = 赎回份额 \times 赎回当日基金的单位净值 = 79\ 880.176 \times 1.34$$
$$\approx 107\ 039.44\ (元)$$

这是不是你能够拿到的实际金额了呢？不一定！因为这个金额还未扣除赎回费用。当然，现在很多基金的赎回费用都和持有时间挂钩，持有时间越长，赎回费用越低。假设你赎回时对应的赎回费率是0.5%。则：

$$净赎回金额 = 赎回总金额 - 赎回费 = 107\ 039.44 \times（1 - 0.5\%）$$
$$\approx 106\ 504.24\ (元)$$

最终，你赚了6 504.24元。

很多基金在发行时就分成A、B、C等类别，以区分不同的投资门槛和费率结构。这些不同类型的基金所对应的资金，都是汇集在一起统一进行投资管理的。但是对申购而言，申购哪类基金，其获得份额的计算都是按照各自的份额类型单独进行的，因为不同类型之间的费率是不一样的。基金赎回也是如此。

 实 例

基金申购或赎回的份额计算

南方基金旗下的南方优选成长混合属于偏股型混合基金，分为A、C两类。截至2020年年末，南方优选成长混合A（代码：202023）有6.68亿份，规模32.72亿元，单位净值为4.897元；南方优选成长混合C（代码：005206）有1.37亿份，规模6.48亿元，单位净值为4.744元。由此可见，A、C两类的份额是单独管理的，净值也不同。南方优选成长混合总的净资产为39.2亿元，A、C两类所募集到的资金，都被汇总到一起进行统一的投资管理。

前文"金额申购，份额赎回"的说法，对除了货币基金的公募基金都适用。货币基金的申赎规则比较特殊，其单位净值永远是1.0元（场内货币基金略有不同），每日的收益部分自动转为份额（红利再投资）。所以在你购买了一只货币基金后，其份额每天都在增长，但净值不变。

延伸阅读

单位净值越低，基金越便宜吗？

很多个人投资者对基金的单位净值有一种误解——单位净值越低的基金越便宜，所以很多人都去抢购新发行的基金，因为新发行基金的单位净值是1.0元。这种现象在牛市中尤为常见。

其实，**基金便宜与否、是否值得投资，与其单位净值的高低没有关系**！

基金的单位净值，反映的是这只基金过去的历史业绩增长。单位净值高的基金，说明过去积累了很多的盈利，体现为净值上涨，仅此而已。而单位净值低的基金，要么是新发行的基金，要么在过去亏损较多，要么把积累的盈利通过分红都分给投资者了。

一只基金便宜与否，与你在购入这只基金时的持仓成本有关。所以，当股市处于泡沫顶端时，你购入任何一只基金，不管其单位净值如何，你的持仓成本都非常高，你很可能做了"接盘侠"。

咱们举个实际的例子。

2015年5月，A股逐渐走向泡沫顶峰，基金公司发行的爆款基金层出不穷。富国基金的富国改革动力混合（代码：001349）于2015年5月20日发行，募集资金132亿元，成为爆款基金，初始单位净值为1.0元。但随后A股泡沫破灭，股市暴跌，该基金的单位净值从1.0元下跌到0.616元，下跌近40%。2018—2019年的时候，该基金单位净值下跌到了0.4元左右，与初始单位净值相比下跌了60%，如图4-2所示。

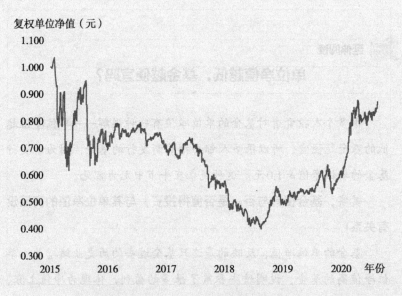

图4-2 富国改革动力混合的复权单位净值走势（2015—2020年）

　　作为对比，景顺长城基金的一只老基金——景顺长城内需增长混合（代码：260104）成立于2004年，至今已有16年多的历史，基金经理刘彦春。这只基金依靠长期积累的盈利，单位净值高达13.835元（2020年年末数据）。在很多人眼里，这只基金属于"贵"的基金。但是如前所述，基金贵不贵，与单位净值没有关系，单位净值高并不妨碍该基金近几年业绩表现持续优秀。如果我们使用后复权（考虑分红），该基金的复权单位净值从2004年6月25日初始的1.0元，增长到2020年年末的26.376 1元，16年间增长了25.4倍，如图4-3所示。

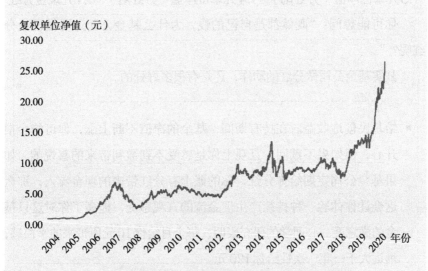

图4-3　景顺长城内需增长混合的复权单位净值走势

（2004年6月—2020年12月）

　　当然，这并不说明景顺长城内需增长混合的表现一定比富国改革动力混合优秀。举这个例子，就是为了说明，基金便不便宜、赚不赚钱，跟单位净值毫无关系。

基金的分红

我们持有一只基金，如果基金净值上涨，那么我们将获得浮盈。我们如果想要兑现部分收益，是不是一定要赎回部分份额呢？

不一定要这样做！基金公司为基民想得很周到，往往会定期对基金持有份额进行现金分红。这种分红行为，跟股票的现金分红是一个道理。

那么，某只基金宣布进行现金分红，对基民到底是好事还是坏事？答案是不好不坏，**相当于左口袋的钱，转到了右口袋。**

如果申购的一只基金的单位净值是1.5元，该基金决定现金分红，每份额分红0.1元，那么在分红完成后，单位净值立刻下降为1.4元。

1.5元单位净值（分红前）=1.4元单位净值（分红后）+0.1元现金分红

你可能想问："既然都是自己的钱，为什么基金公司还要做现金分红呢？"

其实基金公司做分红的动作，还是有很多好处的。

- 给基民创造收益。在持有期间，基金的净值不断上涨，你可能会很开心，但如果不赎回，直观上你是感受不到盈利带来的喜悦的。如果基金公司定期给你分红，你的账上有分红带来的现金流入，那么这会让你体验一种持续产生现金流的直观感受，提高了你对这只基金的满意度。心理学的研究表明，每个月给你10元所带来的幸福感，远远大于一年一次性给你120元。

- 把单位净值降下来，让基金显得更便宜一些，比如原有单位净值是1.2元，分红0.2元，则新净值变成了1.0元。单位净值没有高低之分，那为什么还有很多基金公司热衷于分红，把单位净值降低呢？这是因为社会上有很多个人投资者仍然抱有"单位净值低的基金更便宜"的幻觉，他们偏向于购买低单位净值的产品。一只基金的单位净值高于1.0元，通过分红降低单位净值，往往能够吸引更多投资者申购。

- 基金减仓的需要。原则上，股票基金的最低持仓不能低于80%，偏股型混合基金的最低股票持仓不能低于60%。基金经理如果不看好后市行情，该如何减仓呢？基金分红提供了一种很好的方式。假设一只基金募集了10亿元，初始净值为1.0元，过了一年，单位净值上涨到1.5元，基金净资产为15亿元。基金经理如果不看好后市，可以将单位净值中的0.5元通过现金分红的方式返还给投资者。在分红完毕后，基金单位净值回到1.0元，净资产为10亿元，分红现金为5亿元，基金规模缩减了三分之一。虽然存量的10亿元仍然需要遵守最低持仓比例要求，但分红出去的现金不受股市波动的影响。如果后市果真开始下跌，那么基金投资者并不会受到太大影响，毕竟已经有50%的资金回到了账上。基金评级公司在进行业绩评定时，一般都会考虑现金分红的情况，因此，这种熊市前减仓的行为能够提升基金总体的业绩回报率。不过，基金公司是按照管理规模收取固定管理费的，它是否愿意主动缩小管理规模，存在很大的疑问。

在基金选择现金分红后，这只基金的单位净值立刻出现下降，但这并不影响基金本身的业绩。

 实　例

基金的分红

兴全趋势投资混合（LOF）（代码：163402）是兴业全球基金旗下的一只偏股混合型基金，基金经理董承非等。该基金最近的分红历史记录如表4-6所示。

表4-6　兴全趋势投资混合（LOF）的分红记录（2018—2020年）

年份	权益登记日	除息日	前一日单位净值（元）	每份分红（元）	分红比率
2020年	2020-08-10	2020-08-10	1.001 2	0.082 0	8.2%
2019年	2019-09-24	2019-09-24	0.793 1	0.100 0	12.6%
2018年	2018-09-19	2018-09-19	0.806 9	0.182 1	22.6%

　　基金能分红固然是好事，但是在拿到现金分红后，你应该如何处理呢？如果你在拿到分红后就将其转走了，你的基金持仓就会减少，你很难利用复利效应赚钱。另外一种选择就是红利再投资：用现金分红再去购买这只基金，一直保持满仓状态。这种方法的好处是，随着时间的拉长，你能享受到投资复利带来的盈利增长。

　　在购买基金时，基金公司官方App或大部分的基金第三方平台都会让你选择是否红利再投资。如果你勾选此项，则每次的现金分红会默认再次购买这只基金，你的份额会增加。**更重要的是，分红再投资不收取申购费。**

　　在基金分红后，基金的单位净值会出现骤降。因此，单纯通过查看一只基金单位净值的走势来判断这只基金的业绩表现，是错误的，除非其间没有任何分红。所有的基金还有一个重要的评价指标：累计净值。

　　累计净值＝单位净值＋基金成立以来累计的单位分红金额

　　通过累计净值，我们就能知道在某一阶段，这只基金到底赚了多少钱。相对于单位净值，累计净值更能反映一只基金真实的投资收益。不过，累计净值也存在一个大问题：从不考虑红利再投资的情况。因为累计净值仅仅把过去的分红金额简单相加，并不考虑基民的红利再投资，所以它往往低估了实际的投资收益（因为基金的长期收益为正）。

　　这时候，有请"复权单位净值"出场！

复权单位净值假设历史上所有的现金分红都会进行红利再投资，这样现金不再是现金，而是变成了基金份额，会持续产生投资收益。

 实 例

基金分红与复权单位净值

中欧明睿新常态混合A（代码：001811）是中欧基金旗下的一只混合基金，基金经理是周应波和刘伟伟。该基金成立于2016年3月3日，自成立以来至2020年年末，共进行4次现金分红。在每次分红除权后，单位净值都会自然回落，但复权单位净值不会回落，如图4-4所示。

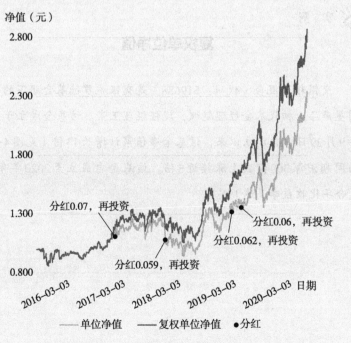

图4-4　中欧明睿新常态混合A的分红记录及净值走势（2016—2020年）

可以看到，在基金分红后，复权单位净值逐步拉大了与单位净值的差距，这是因为分红再投资从长期来看是正收益。

因为股市和债市的长期投资收益为正，所以对于一只成立时间较长的基金，存在以下关系：

复权单位净值>累计单位净值>单位净值

我们只要记住一句话：**计算购入成本，看单位净值；计算投资收益，看复权单位净值。**

 实 例

复权单位净值

交银精选混合（代码：519688）是交银施罗德基金旗下的一款明星产品。初代基金经理赵枫，现任经理王崇。该基金成立于2005年9月29日。自成立以来，该基金净值累计增长13倍（见图4-5），而同期沪深300指数上涨接近5倍。该基金自成立至2020年年末，复合年化收益率高达19%。

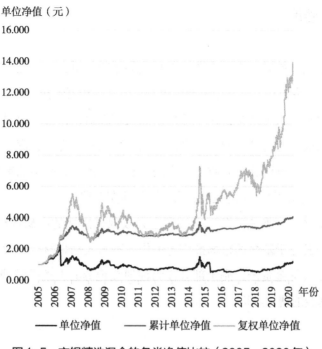

图4-5　交银精选混合的各类净值比较（2005—2020年）

　延伸阅读

基金分红越多越好吗？

　　基金分红就是将你的钱从左口袋转到右口袋，对你的收益不会产生任何影响。所以，基金分红是中性的，没有好坏之分。基金贵不贵也和单位净值高不高没有任何关系。

　　然而，对于频繁分红的基金，很多基民都没有选择红利再投资，而是保留了现金。这使得自己的基金持仓没有享受到复利的好处，长期来看是吃亏的。笔者建议，你如果打算长期持有基金，就选择红利再投资，通过利滚利让财富增长。

基金的费率

买基金和持有基金是有费用的！我们之前曾讲，一只基金有三个重要角色：基金持有人、基金管理人（基金公司）和基金托管人。

基金管理人（基金公司）帮助基民投资理财，付出了自己的智力劳动，并收取一定的管理费。基金托管人（往往是银行或券商）负责证券和资金的托管与清算，并收取一定的托管费。此外，基金的销售依赖于销售渠道，因此销售渠道往往还会收取销售服务费。

除此之外，绝大部分基金公司还会收取一次性的申购费和赎回费。申购费一般用于基金的市场推广与销售，不归入基金财产。赎回费一般小部分归入基金资产，剩余部分作为注册登记等必要的手续费。图4-6所示是基金的费用结构。

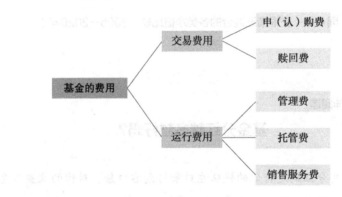

图4-6　基金的费用结构

所谓交易费用，就是在申购（认购）或赎回基金时，基金公司一次性收取的费用。运行费用是在基民持有基金期间，基金公司每年都会收取（或代收）的费用。当然，在实际操作中，**运行费用并不是逐年收取的，而是每天从基金资产中计提扣除的。**

申（认）购费

　　申购费是投资者在购买基金时，需要一次性付给基金公司的费用。在基金募集期间购买基金，叫作认购，认购费在本质上和申购费是一个含义。不同类型的基金，其申购费率差异较大。

　　有些基金在发行时专门分成A类和B类。A类需要在前端支付申购费，即在申购时就扣除申购费。B类需要在后端支付申购费，即在赎回时才会扣除申购费。后端支付申购费一般都是阶梯式支付，持有时间越长，申购费越低。这样设计的原因是，基金公司鼓励投资者长期持有基金。

　　那么，什么是认购费呢？当一只基金产品第一次募集发行时，你购买它所付的费用就称作认购费。在它上市后，你再购买它，就称作申购。值得注意的是，**认购费不打折**。所以，如果你打算购买的是同一个基金经理管理的风格类似的基金产品，那么你应该**买旧不买新**。

 实 例

基金的申购费

　　景顺长城精选蓝筹混合（代码：260110）是景顺长城基金旗下的一只偏股混合型基金，聚焦大盘蓝筹股，基金经理为余广。基金的申购采取前端收费，费率如表4-7所示。

表4-7　景顺长城精选蓝筹混合的申购费率结构

申购金额（前端收费）	费率
金额＜100万元	1.50%
100万元≤金额＜500万元	1.20%
500万元≤金额＜1 000万元	0.60%
金额≥1 000万元	1 000元

该申购费在申购成功后，直接从申购资金中一次性扣除。

 延伸阅读

是买新基金还是买老基金？

很多基民在购买基金时"喜新厌旧"：喜欢追逐明星基金经理新发行的爆款基金，而对这位基金经理管理的存量老基金却视而不见。其实，如果都是同一位基金经理管理的风格类似的基金，买老基金比买新基金更好。

为什么呢？因为新发行的基金的认购费（费率一般是1.2%）是不能打折的，只能全额缴纳。而老基金的申购费（费率一般是1.5%）在很多第三方平台都打一折（0.15%），在基金公司官方App打0.1折甚至免费。仅此一项，你就可节省一笔申（认）购费，非常划算。

下面我来举一个实例。

2020年股市火爆，富国基金于当年7月23日发行了一只爆款基金——富国创新趋势股票（代码：009863），由明星基金经理李元博挂帅。该基金在发行时就募集了163亿元，投资者认购踊跃。其实，李元博旗下同时管理了好几只股票基金或偏股混合型基金，比如富国科技创新灵活配置混合（代码：007345），其投资风格与新发行的基金类似，前十大持仓里面就有接近一半的持仓重合（2020年三季度末），如表4-8、表4-9所示。

表4-8　富国创新趋势股票的持仓（2020年三季度末）

序号	股票代码	股票名称	占净值比例（%）	持股数（万股）	持仓市值（万元）
1	000333	美的集团	4.99	1 126.69	81 797.42
2	002493	荣盛石化*	4.65	4 069.79	76 349.17
3	002027	分众传媒*	4.64	9 434.91	76 139.70
4	300124	汇川技术*	4.12	1 166.37	67 532.67
5	601899	紫金矿业*	3.29	8 774.06	53 960.46
6	600887	伊利股份	2.11	900.95	34 686.69
7	600426	华鲁恒升	2.03	1 359.39	33 305.12
8	600309	万华化学	1.54	363.43	25 185.73
9	601633	长城汽车	1.31	1 119.68	21 408.30
10	06969	思摩尔国际	1.20	642.20	19 721.96

注：*为持仓重叠的股票。

表4-9　富国科技创新灵活配置混合的持仓（2020年三季度末）

序号	股票代码	股票名称	占净值比例（%）	持股数（万股）	持仓市值（万元）
1	300408	三环集团	9.45	326.11	9 414.92
2	300124	汇川技术*	9.18	157.96	9 146.06
3	002027	分众传媒*	8.93	1 102.97	8 900.96
4	601899	紫金矿业*	6.88	1 113.80	6 849.87
5	002859	洁美科技	5.04	182.22	5 020.28
6	002493	荣盛石化*	3.57	189.40	3 553.12
7	603757	大元泵业	3.42	137.21	3 411.04
8	002315	焦点科技	3.26	176.00	3 245.46
9	600563	法拉电子	3.22	45.92	3 208.89
10	601968	宝钢包装	2.96	362.45	2 950.33

注：*为持仓重叠的股票。

通过观察2020年7月27日至2021年1月15日两只基金的单位净值走势，我们发现它们高度趋同，甚至老基金的期间收益还更高一些。新基金一般有三个月的建仓期，会错失一部分牛市上涨收益。两者的累计回报如图4-7所示。

图4-7 富国创新趋势股票和富国科技创新灵活配置混合的累计回报
（2020年7月27日—2021年1月15日）

既然如此，为什么不购买该基金经理旗下的老基金呢？还能节省1%以上的认购费，岂不美哉？

赎回费

当投资者将持有的基金赎回时，基金公司会一次性收取赎回费。大部分基金产品在设计时，都把赎回费设计成阶梯式的：**持有时间越长，赎回费率越低。**

特别值得注意的是，赎回费中的一部分归为基金财产。具体归属比例根据不同的赎回费率而定，一般为25%~100%。这就可能造成一个奇观：在某些情况下，一只基金遭遇了巨额赎回，其中的一部分归为剩余的基金财产，使得基金净值在一天内出现暴涨。

 实 例

阶梯式赎回费

中欧基金发行的中欧时代先锋股票型基金分为A、C两类份额：中欧时代先锋A（代码：001938），中欧时代先锋C（代码：004241）。A类份额与C类份额的赎回费率如表4-10所示。

表4-10 中欧时代先锋股票型基金的赎回费率结构

A类份额		C类份额	
持有期限（N）	费率	持有期限（N）	费率
N < 7日	1.50%	N < 7天	1.50%
7日≤N < 30日	0.75%	7天≤N < 30天	1.00%
30日≤N < 365日	0.50%	N≥30天	0
365日≤N < 730日	0.25%		
N≥730日	0		

我们可以看到，赎回费率呈阶梯式：持有时间越长，费率越低，以鼓励投资者长期持有。其中，A类份额没有销售服务费，适合长期持有。C类份额没有申购费，但有销售服务费，适合一个月以上的中短期投资。

赎回费应该归为基金公司还是归为基金财产呢？这个要根据投

资者在赎回基金时所持有的时间而定，赎回费应该在基金公司和基金财产之间按比例分配。中欧时代先锋股票型基金的赎回费分配如表4-11所示。

表4-11　中欧时代先锋股票型基金的赎回费分配

份额种类	持有时间	赎回费分配
A类	持有期＜30日	将赎回费全部计入基金财产
	30日≤持有期＜3个月	将不低于赎回费总额的75%计入基金财产
	3个月≤持有期＜6个月	将不低于赎回费总额的50%计入基金财产
	持有期≥6个月	将不低于赎回费总额的25%计入基金财产，未归入基金财产的部分用于支付登记费和其他必要的手续费
C类	—	将赎回费全部计入基金财产

　　在极端情况下，如果某只基金的大部分份额在持有期限不长的情况下被大量赎回，就会造成一个奇观：收取高额的赎回费，并且赎回费的大部分计入了基金财产，将引发基金净值暴增，剩余的持有人将获得一份不错的收益。

👁️ 实 例

巨额赎回费导致基金净值暴涨

　　鹏华基金旗下的鹏华弘达混合A（代码：003142）在2017年4月17日左右遭遇巨额赎回，巨额的赎回费归为基金财产，导致剩余基金份额的单位净值暴涨，从2017年4月17日的1.045 4元暴涨到2017年4月20日的2.070 9元，3天暴涨98.1%。

管理费

管理费是支付给基金公司进行资产管理的服务费用。在实际计算时，基金公司每日计提管理费，直接从基金净值中扣除。管理费一般不打折。

托管费

基金产品的运作资金及证券需要在某家银行（或证券公司）开设一个单独的托管账户，以防止基金公司挪用资金或证券。托管机构会对托管户收取托管费。所以托管费不是由基金公司收取，而是由托管机构收取的。不过，托管费由基金公司代收，每日计提，直接从基金净值中扣除。

销售服务费

基金产品的销售在很大程度上依赖于基金代销渠道。银行、证券公司、第三方平台（支付宝、微信、天天基金网等）都是常见的基金代销平台。基金的销售服务费用于支付销售机构的佣金、基金的营销费用及基金份额持有人的服务费等。销售服务费也会从基金净值中直接扣除。

 延伸阅读

基金份额买A类还是C类好？

很多基金在发行时会分成A类份额和C类份额（当然也有B类或其他类），这些不同的份额种类所募集到的资金都会被归集到一起用于运作投资。这些份额分类在投资上没有太大区别，唯一的区别在于：A类份额和C类份额的费率结构不同，主要差异体现在申购费、赎回费和销售服务费上。

A类份额适合长期持有的基民：免除了销售服务费，在持有期超过一定时间（一般为2年）后，免除赎回费。

C类份额适合频繁买卖的基民：只要持有期较短（一般是30天以上），就免除赎回费，但收取销售服务费。由于销售服务费是年费，按天计提，所以如果持有时间不长，收取的费用就不会很多。例如，销售服务费是0.25%/年，在持有基金一个月后，销售服务费只收取了0.02%。

我们来举个例子。

中欧时代先锋股票是中欧基金旗下的一只股票型基金，基金经理是周应波。该基金分成了A、C两类份额：中欧时代先锋股票A（代码：001938）、中欧时代先锋股票C（代码：004241）。两者的费率结构比较如表4-12所示。

表4-12 中欧时代先锋股票的费率结构

费率	中欧时代先锋股票A	中欧时代先锋股票C
管理费	1.50%/年	1.50%/年
托管费	0.25%/年	0.25%/年
申购费	金额＜100万元：1.50% 100万元≤金额＜500万元：1.00% 金额≥500万元：1 000元	0.00%
赎回费	期限＜7天：1.50% 7天≤期限＜30天：0.75% 30天≤期限＜365天：0.50% 365天≤期限＜730天：0.25% 期限≥730天：0.00%	期限＜7天：1.50% 7天≤期限＜30天：1.00% 期限≥30天：0.00%
销售服务费	0.00%/年	0.80%/年

我们可以看到，如果投资者打算长期持有该基金，那么A类份额最合适：虽然A类份额有申购费，但是一般平台都打一折，费率只有0.15%；在持有超过2年后，免赎回费，而且不收销售服务费。如果投资者只是短期操作，则C类份额更合适：申购费和赎回费全免（只要持有超过1个月），但是要承担0.80%/年的销售服务费。

表4-13所示的是各类基金典型的费率。

表4-13　各类基金典型的费率

基金类型	货币基金	债券基金	偏债混合型基金	偏股混合型基金	股票基金	指数基金
申购费（折扣前，%）	0	0.4~0.8	1.2	1.5	1.5	1.2
赎回费（%）	0	1.5~0.0	1.5~0.0	1.5~0.0	1.5~0.0	1.5~0.0
管理费（%/年）	0.15~0.33	0.5~0.8	1.0	1.5	1.5	0.5
托管费（%/年）	0.05~0.10	0.05~0.20	0.05~0.20	0.20~0.25	0.20~0.25	0.1
销售服务费（%/年）	0.10~0.25	0~0.40	0~0.40	0~0.40	0~0.40	0~0.40

注：（1）上述各类费率都处于典型的费率区间，具体费率还需要看具体基金产品的规定；（2）申购费一般可以打一折，认购费往往不打折，因此，买老基金比买新发行的基金要节约费用。

第五章

如何选择股票基金

股票市场是普通老百姓日常接触到的长期年化收益率最高的资本市场。美国长达100多年和中国30多年的历史数据都表明，与债券、黄金、银行存款等相比，股票市场的预期收益率是最高的，能够持续跑赢通货膨胀。

　　对于国内的A股市场，之前我们也统计了2003—2020年这18年间的投资收益，股票基金创造了14.7%的复合年化收益，混合基金创造了15.2%的复合年化收益，都远远跑赢了同期平均2.6%的通胀率。也就是说，如果你在2003年年初投入10万元买入合理的股票类基金（股票基金或偏股混合型基金），那么到2020年年末，你将拥有128万元的资产！

　　所以，从长期来看，股票能赚钱，基金也能赚钱，这是毫无疑问的，而且投资基金也是普通人抵抗通胀、实现个人财富保值和增值的重要手段。

　　问题是：如何挑选适合自己的股票基金？

　　首先，市场整体赚钱，并不代表你闭着眼挑一只基金就能赚钱；既然有的基金能跑赢大盘，肯定有的基金就会跑输大盘，如果选得不好，就有可能出现长期亏损。其次，即使是一只优秀的基金，也未必适合所有人，还要看投资者的投资目标、风险偏好、资金期限等信息。只有了解这些，你才能选到心仪的基金，实现自己的财富目标。

👁 实 例

高位买基金的后果

A股市场在2006—2007年创造了史诗级的超级大牛市，沪深
300指数从2005年年底的935点一路上涨到2007年10月的5 900点
以上。但随后迎来暴跌。中邮基金在2007年8月17日市场正处于高
峰时，发行了一只新基金——中邮核心成长混合（代码：590002）。
如果你在当时认购了这只基金（初始单位净值是1.0元），一直持有
到2020年年末（复权单位净值只有0.965 5元），那么你持有该基金
13年多，将亏损3.5%，如图5-1所示。

图5-1 中邮核心成长混合的业绩回报（2007年8月17—2020年12月31日）

备注：上面举的只是一个极端例子，不代表笔者对基金公司及
产品的立场。

　　所以，即使股市的长期回报不菲，你也不能胡乱投资，而要讲究筛选基金的技巧以及何时投资哪只基金。

　　本章我们专门来讲如何挑选股票类基金。这里的股票类基金，包括纯股票型基金和偏股混合型基金。

确定自己的投资目标和风险偏好

　　在投资之前，投资者首先要了解的就是自己的投资目标与风险偏好。

　　虽然从长期来看，股票市场能够创造很高的收益，但波动性也非常大。当市场行情较好时，盈利能达到70%以上；当市场行情较差时，亏损可能超过50%。这种大涨大跌式的价格波动，并不是所有人都能承受得了的。

　　细分到不同的股市板块或行业，其风险与收益特点也大相径庭。例如，投资于大盘价值股的基金大多处于商业成熟期，价格波动相对较小，收益率比较稳定。而投资于中小盘、成长性高的股票的基金，则大开大合，业绩波动较大。

　　首先，投资者可以根据自身的财务状况和家庭规划，对未来的投资目标做一个简单的规划。

　　对一个普通家庭而言，投资基金往往有三项目标：为孩子准备教育基金，为夫妻二人准备养老金，实现家庭储蓄的保值、增值。

孩子教育基金

　　现代社会非常重视孩子的教育。教育部的统计数据显示，2020年的大学毕业生数量高达874万，国内的教育竞争非常激烈。给孩子提供更好的教育环境，是绝大部分年轻父母的心愿和奋斗目标。但是，优质教育资源始终是稀缺的，即使孩子天资聪颖，也需要足够的资金去培养，因此很多家庭都为孩子准备了长期教育基金。为孩子将来的教育积攒一笔资金，这是非常有益的行动。

假设在小宝宝刚出生时，父母打算让孩子去国外读大学，那么孩子的教育经费估计为200万元。对此，我们的投资目标如下：

投资期限：18年。

最终收益：200万元。

由于这笔投资的持有期限非常长，高达18年，所以我们需要接受更大的盈利波动，以得到更高的复合年化收益。以12%的年化收益计算，我们今天需要投资的原始本金就是26万元。

投资期限：18年。

最终收益：200万元。

预期复合年化收益率：12%。

初始本金：26万元。

养老金

虽然工薪阶层都有社保，但是退休金只能满足我们基本的生活需求。你如果想要晚年生活得更从容，那么必须在退休后拥有足够的养老储蓄，以补充退休金。

年轻家庭成员一般要继续工作30年左右才会退休，他们有着相对较长的投资期限，同时也需要承受更多的市场波动。不过，养老金在投资方面不能过于激进，应以稳健为主。

投资期限：30年。

预期复合年化收益率：10%。

初始本金：？？

为什么我们在这里不写初始本金呢？对年轻家庭来说，他们不太可能一下子拿出足够多的初始本金，但是夫妻二人每个月都有工资收入，在扣除日常生活支出后还有一部分剩余，因此可以每个月拿出一部分剩余资金去做定期投资。

家庭储蓄的保值、增值

除去为孩子准备的教育基金和为夫妻二人准备的养老金，一般家庭还需要储蓄一部分资金，以实现买房、投资、旅游等机动性目标，并给孩子留下一笔可观的遗产。这部分资金的投资目的性没那么强，可以很灵活。在投资者年轻的时候，投资于股票资产的资金占比更高一些；随着投资者年龄的增长，投资风格逐步走向稳健甚至保守，因此投资者可能会逐渐降低股票类基金的比例，而增加债券类基金的比例。

所以，对于投资，最重要的还是事先明确自己的投资目标和风险偏好。一般来说，投资者的年龄越大，其投资风格越稳健。最好的方法是：把我们目前的储蓄、未来工资收入统一考虑，将现有存款和工资收入分成几份，分别去实现上述不同的投资目标。关于如何进行家庭的财务规划，我们会在后面的章节详细讲解。

选择适合的基金风格

明确了自己的投资目标和风险偏好，我们就对自己的资金能够使用的投资期限、目标收益率有了清晰的了解。

三个原则

在选择具体的股票基金时，我们必须记住以下三个原则。

原则一：资金的投资期限越长，就越能容忍盈亏的波动，投资风格就越可以进取一些。

经常有身边的朋友问我："有一笔钱未来三个月不用，买什么股票基金好？"

我的答案很简单："别买股票基金了，还是买货币基金吧！"

三个月的时间太短，而股市短期波动的随机性又很大，买进股票基金，三个月后撤出，谁也不知道能不能赚钱。最好的方法还是买有稳定收益的货币基金，没什么风险。

这笔资金如果在未来三年不用，那么就可以买合适的股票基金了。尽管长期的历史数据告诉我们，股市的长期年化收益很高，但想要赚到这个钱，是需要时间的。也就是说，时间越长，越能熨平中间的估值波动，从而获得股市的长期收益。

我们以国内A股沪深300全收益指数（代码：H00300）为例，以2009年为起始点，统计该基金滚动1年、3年及5年的复合年化收益率，如图5-2所示。

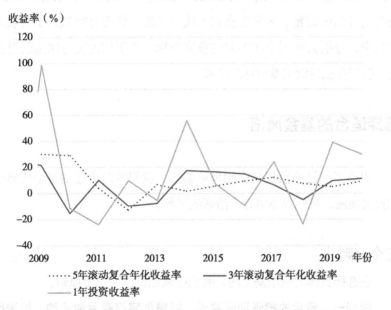

图5-2 沪深300全收益指数的滚动复合年化收益率（2009—2020年）

注：（1）2009年的"1年投资收益率"，即2009年当年沪深300全收益指数的涨幅；（2）2009年的"3年滚动复合年化收益率"，即2007—2009年三年期间沪深300全收益指数的平均年化涨幅，2010—2020年的数据以此类推；（3）2009年的"5年滚动复合年化收益率"，即2005—2009年五年期间沪深300全收益指数的平均年化涨幅，2010—2020年的数据以此类推。

我们很容易发现，随着投资期限的拉长，收益的波动明显变小；期限越长，年化收益的波动越小。例如，2009年该基金的收益上涨98.6%，而2011年该基金的收益下跌24%，波动非常大。但如果将周期拉长至3年、5年，收益波动就明显变小了。因此，资金的可投期限越长，就越能容忍其间的波动，投资风格自然就可以进取一些，以获得高收益。

原则二：目标收益率越高，就越需要承担市值的波动，投资越倾向于成长型行业。

俗话说，低风险伴随着低收益，高风险伴随着高收益。长期的投资收益往往与所承担的风险息息相关。虽然承担了高风险未必有高回报，但高回报往往意味着高波动。如果你设定的年化投资收益率目标是5%，那么稳健保守型的二级债券基金就能满足你的要求：80%以上的债券持仓，外加不超过20%的股票作为收益增强。但是，如果你的目标收益率是12%，那么货币基金、债券基金都不能满足你的要求了，只有股票基金或偏股混合型基金才能达到你的收益目标。目标收益越高，越需要投资偏向于成长型行业，比如医药、TMT行业等。以医药100全收益指数（代码：H00978.CSI）为例，其历年的收益率如表5-1所示，涨幅情况如图5-3所示。

表5-1　医药100全收益指数的收益率（2005—2020年）

年份	医药100全收益指数的收益率	沪深300全收益指数的收益率
2005	−7.8%	−7.7%
2006	80.1%	125.2%
2007	227.6%	163.3%
2008	−44.8%	−65.6%
2009	122.4%	98.6%
2010	27.7%	−11.6%
2011	−30.9%	−24.0%
2012	8.1%	9.8%

（续表）

年份	医药100全收益指数的收益率	沪深300全收益指数的收益率
2013	43.1%	-5.3%
2014	17.6%	55.8%
2015	58.9%	7.2%
2016	-15.0%	-9.3%
2017	2.3%	24.3%
2018	-26.1%	-23.6%
2019	31.3%	39.2%
2020	38.4%	29.9%
复合年化收益率	20.6%	12.7%
标准差	67.5%	59.9%

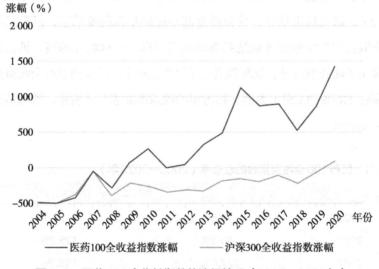

图5-3　医药100全收益指数的涨幅情况（2005—2020年）

我们可以看到，2005—2020年，医药100全收益指数的复合年化收益率为20.6%，大大超过了同期的沪深300全收益指数。不过，其波动（标准差）也比沪深300全收益指数的大。

我们再以中证TMT全收益指数（代码：H00998.CSI）为例，其在2012—2020年的收益率如表5-2所示。

表5-2 中证TMT全收益指数的收益率（2012—2020年）

年份	中证TMT全收益指数的收益率	沪深300全收益指数收益率
2012	-3.8%	9.8%
2013	66.1%	-5.3%
2014	30.6%	55.8%
2015	76.0%	7.2%
2016	-26.3%	-9.3%
2017	-6.1%	24.3%
2018	-34.3%	-23.6%
2019	56.4%	39.2%
2020	14.9%	29.9%
复合年化收益率	11.6%	10.5%
标准差	40.4%	25.3%

TMT行业也是如此，2012—2020年的复合年化收益率为11.6%，超过同期的沪深300全收益指数1.1%，但是波动明显加大。

原则三：越年轻，越能承担风险；年纪越大，越需要稳健投资。

这个很好理解。投资者越年轻，其未来的收入增长越可期，并且能够承担一定的亏损。但是，如果投资者的年龄接近退休年龄，未来的收入可能会骤减，他就更需要稳健投资甚至是保守投资，避免把自己的养老钱亏掉。

明确自己的风险偏好

虽然道理都很清晰，但不是所有人都能遵照执行。有的人属于风险厌恶型，即使有一笔十年不用的资金，也承担不了20%的市值波动风险。虽然从理性上看，这些人应该买入股票类基金并长期持有，但中间的市值波动可能会让他们睡不着觉。因此，我们在选择基金风格时，除了要考虑自己的收益目标和投资期限，还要考虑我们自己属于什么类型的投资者：保守型、稳健型、平衡型还是进取型？否则，再好的基金投资规划也难以执行并坚持下去。不同风险偏好类型及所适合的基金类型如表5-3所示。

表5-3　不同风险偏好类型及所适合的基金类型

风险偏好类型	风险承受能力	投资目标	可投资的基金类型
保守型	不想承担任何风险	保值、不亏钱	货币基金、纯债基金
稳健型	害怕风险	在保值的基础上追求一定收益	债券基金
平衡型	能够承担一定风险	平衡风险与收益，在两者之间取得平衡	二级债基、偏债混合型基金
进取型	能够承担高风险	追求高收益	偏股混合型基金、股票基金

　　大家可以认真评估一下自己到底属于哪一种风险偏好类型。一般来说，**越是年轻人，越能承担风险；越是年纪大的投资者，越偏向保守。**

　　上面的风险偏好类型是向上兼容的：进取型的投资者当然可以投资保守型的基金。那么，保守型的投资者是不是就一定不能投资高风险的股票基金呢？也不尽然。

　　实际上，我们在给自己的家庭财产做投资规划时，不可能用所有的钱去买同一类或同一只基金。即使没有学过任何理财知识，大家也知道不能把所有鸡蛋放到一个篮子里，所以保守型的投资者也会分散投资。假如你是一名保守型投资者，有10万元闲钱要投资，那么你可能做出如下的分散投资组合：60%的纯债基金+30%的货币基金+10%的股票基金。

　　从整个组合来看，只有10%的资金投到股市上，即使股票基金下跌了20%，整个投资组合的亏损也只有2%（在你的风险承受范围之内）。

　　类似地，进取型的投资者也不会把所有资金都投到股票基金（或偏股混合型基金）上，而会做一定的分散配置：60%的股票基金+30%的债券基金+10%的货币基金。

熟悉不同的基金风格

即使是股票类基金（包括股票型基金、偏股混合型基金），也会有不同的投资风格。还记得我们之前讲到的晨星公司的"投资风格箱"吗？（见图3-9）

总体来说，成长股的风险更大（因为企业未来的不确定性较大），但潜在收益较高；而价值股的特点是盈利稳定，但也很难出现快速增长；在市值方面，成长股多属于中小盘股（但并不是绝对的），而行业龙头价值股往往都属于大盘股（见图5-4）。所以，投资者如果要获取高收益且能承受高波动，那么在挑选基金时可以偏向于成长股、中小盘股；投资者如果求稳定收益且能承受一定范围内的波动，那么可以偏向于投资价值股、大盘股的基金。

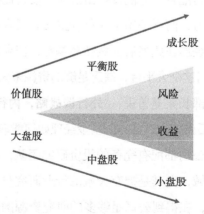

图5-4 不同投资风格的风险与收益

但凡事无绝对，医药行业的龙头恒瑞医药（代码：600276），截至2020年年底总市值高达5 943亿元，但医药行业和公司业务本身都处于高速成长阶段，所以恒瑞医药属于成长型大盘股。

　　行业或主题基金也是如此，有些新兴行业（或主题），比如医药、电子、TMT、互联网、半导体、新能源等，都属于高速发展的成长型行业，行业中孕育着未来的龙头企业，但由于竞争激烈、盈利不明等原因，风险往往较高。而金融、地产、化工等周期性行业的龙头股票，盈利比较稳定，但成长性较差，往往估值比较低。不过，有很多基金的投资风格比较分散，比如"价值成长""价值精选""稳健成长"等，我们很难明确地界定它们到底属于什么风格。另外，有些基金还会出现风格漂移。投资者如果看中了某个具体行业，那么投资于该行业或主题中的指数基金是较好的选择。

选择优秀的基金公司

　　俗话说："选基金就是选基金经理。"但是，再好的基金经理也要有公司整体资源的有力配合，才能发挥出潜能。投资比拼的是团队整体的投研实力和协作能力，而不是搞个人英雄主义。很多在顶尖公募基金公司工作的明星基金经理在成名后去做私募基金，但业绩平平，就是因为他们离开了基金公司这个大平台，缺乏足够的资源来做投资研究。

　　美国海军部前部长莱曼曾说："**外行谈战略，内行谈后勤。**"没有基金公司完善的投研后勤实力，前方的基金经理如何能取得优秀的成绩？

　　大中型的基金公司都配有完备的投资研究团队，覆盖宏观经济、策略、行业等各个领域，尤其是拥有大量的行业研究员，研究面覆盖A股的主要行业。因此，在得到公司足够多的研究资源的情况下，优秀的基金经理如虎添翼，能够持续创造优秀业绩。

　　截至2020年年末，国内公募基金公司共146家。我们可以简单地把这些基金公司分成三个梯队。

- 第一梯队属于头部基金公司，综合实力非常强，在股票、债券等多个领域的管理规模和投研实力都位居前列，并且拥有一批明星基金经理。

- 第二梯队属于中型特色或精品基金公司。这类公司在某一领域（比如股票、债券、量化投资或指数基金）做出了特色，并且拥有数款明星产品和数位明星基金经理。

- 第三梯队是其他基金公司，整体实力较为平均，可能有某款明星产品或某个明星基金经理。

　　当然，在146家基金公司中，有一类基金公司非常特殊：银行系基金公司。这类公司由于背靠银行系股东，往往在资金获得方面具备相当大的优势，管理规模位居前列。但银行系基金公司的人才激励机制可能缺乏优势，吸引不了太多的明星基金经理。

　　如何根据基金公司的整体实力判断其属于哪个梯队呢？一个简单粗暴的方法就是看基金公司的管理规模排名。

　　东方财富、同花顺、Wind等公司，都会公布每个季度末的基金公司管理规模排名。当然，你在百度上也能随时搜到。不过，在看基金公司的管理规模排名时，你往往会发现存在两个排名：一个是按照基金公司管理总规模的排名，另一个是按照扣除货币基金和短期理财基金后的排名。

　　其实，业内此前一直按照基金公司的管理总规模进行排名，但是有些公司就钻了这个空子：因为货币基金（或短期理财基金）的规模特别容易做大，所以这些公司拼命地做大货币基金规模，以获得高排名。这种排名的水分较大，并不能客观反映基金公司的管理实力，因此就有了第二种排名。第二种排名将货币基金和短期理财基金从总管理规模中扣除，再计算排名。

　　我们以2020年年末的数据为例来看看国内基金公司的管理规模排名

（按照非货币型产品的管理规模排序），如表5-4所示。

表5-4　基金公司的管理规模排名　　　　　　　　　　　　单位：亿元

序号	基金公司	全部	非货币型产品的管理规模	货币市场型产品的管理规模
1	易方达基金	10 487	6 923	3 564
2	汇添富基金	7 930	5 457	2 473
3	广发基金	6 570	4 835	1 735
4	华夏基金	6 825	4 582	2 243
5	南方基金	7 507	4 377	3 130
6	富国基金	5 479	3 952	1 527
7	博时基金	6 984	3 838	3 146
8	嘉实基金	6 359	3 499	2 860
9	招商基金	4 835	3 440	1 395
10	鹏华基金	5 604	3 390	2 214
11	中欧基金	3 915	2 880	1 035
12	工银瑞信基金	4 985	2 850	2 135
13	中银基金	3 434	2 802	632
14	华安基金	4 614	2 664	1 950
15	交银施罗德基金	3 304	2 456	848
16	银华基金	4 323	2 235	2 088
17	国泰基金	3 579	2 228	1 351
18	兴证全球基金	4 016	2 147	1 869
19	景顺长城基金	3 423	2 023	1 400
20	平安基金	3 461	1 702	1 759
21	农银汇理基金	2 185	1 562	623
22	东方资管	1 602	1 489	113
23	建信基金	4 071	1 431	2 640
24	民生加银基金	1 588	1 422	166
25	国寿安保基金	2 230	1 381	849
26	永赢基金	1 671	1 328	343

（续表）

序号	基金公司	全部	非货币型产品的管理规模	货币市场型产品的管理规模
27	兴业基金	2 250	1 248	1 002
28	天弘基金	14 046	1 219	12 827
29	华宝基金	2 642	1 113	1 529
30	华泰柏瑞基金	1 435	1 111	324
31	大成基金	1 765	1 070	695
32	浦银安盛基金	2 127	1 058	1 069
33	中银国际证券	1 097	1 040	57
34	万家基金	1 634	1 025	609

注：（1）数据来源于Wind，时间截至2020年年底，按照非货币型产品的管理规模排序；（2）货币市场型产品包括货币基金和短期理财产品；（3）上述排名只选取截至2020年年底非货币型公募产品的管理规模在1 000亿元以上的基金公司。

　　排名前十的基金公司可以算作国内基金行业的第一梯队，其综合投研实力非常强。而处于其后的基金公司，往往在某方面的业务上表现出一定的特色。不过，还有很多排名处于腰部的基金公司，专注做精品基金、特色基金，拥有一批明星基金经理，也具备非常不错的实力。下面我们重点讲几个非常有特色的基金公司。

易方达基金

　　易方达基金近年来发展迅猛，其非货币型产品的管理规模持续多年排名第一。股东分别为：广东粤财信托有限公司，持股22.65%；广发证券股份有限公司，持股22.65%；盈峰控股集团有限公司，持股22.65%；广东省广晟资产经营有限公司，持股15.11%；广州市广永国有资产经营有限公司，持股7.55%；员工持股合伙企业，合计持股9.39%。

　　易方达基金的投研实力和销售能力都很突出，薪酬激励机制极具竞争力，吸引了一大批优秀的基金经理。公司产品在股票、债券领域都名列前茅。易方达基金拥有张坤、萧楠、陈皓、冯波、张清华、胡剑等一大批明星基金经理。

汇添富基金

汇添富基金的总部位于上海，专注于权益类投资，在市场上被誉为"选股专家"。旗下拥有胡昕炜、雷鸣、劳杰男、蒋文玲等明星基金经理。

广发基金

广发基金成立于2003年，总部位于广州。广发基金的大股东为广发证券，股权占比54.5%。广发基金也是投研人才辈出，近些年涌现了像傅友兴、刘格菘、张芊、邱璟旻等一批明星基金经理。

华夏基金

华夏基金成立于1998年，总部位于北京，是业界久负盛名的基金公司，涌现了王亚伟、江晖、孙建冬等一批明星基金经理，其管理规模和投研实力长期居市场第一名。但近年来管理层震荡，实力有所下降。华夏基金的传统强项是权益类投资。

南方基金

南方基金成立于1998年，总部位于深圳。南方基金属于元老级的基金公司，发行了国内第一只规范的封闭式证券投资基金，拥有茅炜、史博等明星基金经理。

富国基金

富国基金成立于1999年，总部位于上海，属于公募基金行业的"老十家"，擅长权益类投资。公司主要股东为海通证券、申万宏源证券、加拿大蒙特利尔银行和山东省国际信托，股权占比分别为27.8%、27.8%、27.8%和16.6%。富国基金的创新能力较强，近些年来接连发行国内第一只军工概念指数分级基金（富国军工）、第一只国企改革概念指数分级基金（富国国企改革）、第一只工业4.0概念指数分级基金（富国工业4.0），以及第一只新能源汽车概念指数分级基金（富国新能源车）等。旗下拥有朱少醒、杨栋、李元博、毕天宇、李笑薇、王保合、黄纪亮等明星基金经理。

博时基金

博时基金成立于1998年，总部位于深圳，曾经一度辉煌，培养过詹凌蔚、夏春、邓晓峰等明星基金经理，但近年来发展稍显平淡。

嘉实基金

嘉实基金成立于1999年，总部位于北京。公司股东为中诚信托、立信投资及DWS（资产规模最大的德国基金公司），股权占比分别为40%、30%及30%。旗下拥有归凯等明星基金经理。

招商基金

招商基金成立于2002年，总部位于深圳。公司大股东为招商银行和招商证券，股权占比分别为55%和45%。旗下拥有付斌、郭锐、李佳存、马龙等明星基金经理。

鹏华基金

鹏华基金成立于1998年，属于"老十家"基金公司。目前的股东由国信证券股份有限公司、意大利欧利盛资本资产管理股份公司、深圳市北融信投资发展有限公司组成，三家股东的出资比例分别为50%、49%、1%。旗下拥有王宗合、梁浩、伍旋、陈璇淼、刘太阳、祝松、刘涛、李振宇等明星基金经理。

中欧基金

中欧基金成立较晚，于2006年创立于上海。中欧基金最鲜明的特点是，它是国内首批员工持股的基金公司之一，并且属于国资、外资、民企、员工持股的混合所有制，能够从制度上激励核心骨干。近年来，公司的基金管理规模迅速上升，截至2020年年底，管理规模接近4 000亿元。公司拥有周蔚文、周应波、曹名长、王培、葛兰等明星基金经理。

睿远基金

睿远基金由投资界久负盛名的陈光明创办。陈光明在东方资管任职期间，管理的产品在十年时间内复合年化收益率达到了28%。睿远基金与中欧基金一样，也是通过核心员工持股来激发员工的。旗下拥有赵枫、傅鹏博等明星基金经理。

兴证全球基金

兴证全球基金就是曾经大名鼎鼎的"兴全基金"，大股东为兴业证券。兴证全球基金的特色是做精品基金，旗下基金数量只有30多只，但管理规模高达4 016亿元（2020年年末数据）。兴证全球基金自成立至今，涌现出了杨东、杜昌勇、王晓明、傅鹏博、董承非、谢治宇等诸多明星基金经理，其投资风格独树一帜。

华泰柏瑞基金

华泰柏瑞基金2004年成立于上海，是一家中外合资基金管理公司，公司股东为华泰证券股份有限公司、柏瑞投资有限责任公司、苏州新区高新技术产业股份有限公司，股权占比分别为49%、49%和2%。

华泰柏瑞基金的特色产品为指数基金和量化基金。旗下多只ETF基金的规模名列市场前茅。

鹏扬基金

鹏扬基金由华夏基金前固定收益投资总监杨爱斌创立，其特色产品为债券基金，后逐步加大权益类基金的投入。公司拥有杨爱斌、李刚、朱国庆等投资老将。

选择优秀的基金经理

"选基金就是选基金经理！" 此话不假。虽然基金公司是团队作战，整体投研实力很关键，但最终的投资策略和投资执行都是由基金经理来操作的。或者说，公司的投研资源都是提供给基金经理的"武器库"，而最终选取何种武器、如何扳动扳机，都由基金经理来决定。因此，一位优秀的基金经理能够持续创造超越市场的收益，为基民带来超额收益。

但是，如何选择基金经理又是一个让人头疼的难题。每个基金经理的履历背景、从业经历及投资风格都大相径庭，很难用简单的条件去筛选。最简单的办法是看其历史业绩。

东方财富Choice的数据统计显示，截至2020年年底，国内公募基金经理的数量超过了2 300名。从这2 300多名基金经理中，我们按照下面的条件进行了筛选。

- 基金经理任职年限≥6年。
- 任职期间的复合年化收益率≥15%。

通过上述条件，我们筛选出了120多名基金经理。如果我们把任职年限限定在10年以上，则只剩下27名明星基金经理。这27名明星基金经理是久经考验的投资高手。下面，我们重点介绍基金经理任职年限在5年以上、任职期间的复合年化收益率在15%以上的部分明星基金经理。

刘彦春

管理学硕士，2008—2014年在博时基金任基金经理，从2015年至今在景顺长城基金任职。在景顺长城基金期间，其管理的多只基金创造了令人惊讶的收益。其中，景顺长城鼎益混合（LOF）（代码：162605）是偏股混合型基金，从2015年7月至2020年年末，累计回报3.51倍，年化收益率高达31.6%，而同期沪深300全收益指数的年化收益率只有6.6%，如图5-6所示。

图5-5　景顺长城鼎益混合（LOF）的累计回报（2015—2020年）

刘彦春的投资风格是选取优质公司，并长期持有，其基金的换手率大幅低于行业平均水平。从行业偏好上看，刘彦春喜欢消费类龙头公司（比如白酒、家电、食品饮料等）。

朱少醒

现任职于富国基金，博士学历，他的投资传奇始于富国基金。他从

2005年起开始管理富国天惠成长混合A/B（LOF）（代码：161005），到2020年年末，累计回报20.6倍，复合年化收益率高达22.5%，如图5-6所示。

朱少醒的从业经历类似于美国的传奇基金经理彼得·林奇：长时间只管理一只基金，并把它做成了旗舰。彼得·林奇管理的麦哲伦基金在13年间的复合年化收益率为29%，该基金规模从2 000万美元增长到140亿美元。很多基金公司热衷于在股市火热的时候为明星基金经理发行天量规模的新基金，而基民往往"喜新厌旧"，这实际上提高了基民自己的认购费（认购费不打折）。仅凭这一点，就值得我们为富国基金和朱少醒点赞。

图5-6 富国天惠成长混合A/B（LOF）的累计回报（2005—2020年）

朱少醒的投资风格是淡化择时——精选优质成长股并长期持有，一直在高仓位运作。因为淡化择时，所以他将主要精力放在精选优质成长股上。朱少醒管理的基金，其业绩可能每年排不到最前列，但经过时间的积累，他强悍的选股能力逐步凸显。其长期持有的国瓷材料、伊利股份、智飞生物、招商银行等，都取得了惊人的股价增长。在行业选择方面，朱少醒偏好医药、食品饮料、传媒等行业。

傅鹏博

现任职于睿远基金。公募基金行业的元老级人物，曾担任过东方资管的负责人，作为陈光明的老师，亲手将陈光明招到东方资管。直到2008年，傅鹏博才最终加入兴全基金（现名为兴证全球基金），任职副总经理兼基金经理。其在兴全基金管理的兴全社会责任混合（代码：340007）基金，自2009年至2018年年初，累计回报高达4.3倍，复合年化收益率为20%，如图5-7所示。傅鹏博直到46岁才直接担任基金经理，这在公募基金界是非常少见的，但是老而弥坚，他创造了持续的高额回报。从2019年起，傅鹏博跳槽至陈光明创立的睿远基金并担任基金经理。在睿远基金期间，其管理的基金也创造了不错的收益。

图5-7 兴全社会责任混合的累计回报（2009—2018年）

傅鹏博的投资风格是，均衡投资价值股与成长股，偏好价值白马股，行业配置比较均衡。在睿远基金任职期间，其管理的基金投中了隆基股份、立讯精密等回报很高的股票。

周蔚文

现任职于中欧基金，江湖人称"中欧四大天王"之一。2006年在富国基金开始其基金经理生涯，2011年开始在中欧基金任职。他管理的中欧新蓝筹混合A（代码：166002），自2011年5月至2020年年末，累计回报高达3.8倍，复合年化收益率为17.7%，如图5-8所示。

图5-8　中欧新蓝筹混合A的累计回报（2011—2020年）

周蔚文的投资风格偏向于成长股，精选行业，股票仓位控制比较严格，不做激进的加仓。他认为精选行业是取得成功的关键。从2016年开始，他精选行业中的优质白马股，并长期持有，不在意短期的净值波动，其管理的基金的换手率大幅下降，说明其投资风格逐步走向成熟。

余　广

　　现任职于景顺长城基金，硕士学历，2010年起在景顺长城基金担任基金经理。其管理的景顺长城核心竞争力混合A（代码：260116），自2011年年底至2020年年底，累计回报5.1倍，复合年化收益率为22.3%，如图5-9所示。

图5-9　景顺长城核心竞争力混合A的累计回报（2011—2020年）

　　余广的投资风格是，用做实业的眼光做投资，以精选优质个股为主。由于具有财务审计工作经验，余广比较重视公司的财务基本面分析，聚焦于高ROE（净资产收益率）的优质公司，淡化择时，持续保持高仓位运作。

王宗合

　　现任职于鹏华基金，金融学硕士，2010年起在鹏华基金任职基金经理。其管理的鹏华消费优选混合（代码：206007）自2010年年底至

2020年年底，累计回报4倍，复合年化收益率为17.5%，如图5-10所示。另外，其管理的鹏华养老产业股票（代码：000854）在过去6年多时间里也取得了3倍多的回报，年化收益率为26.7%。

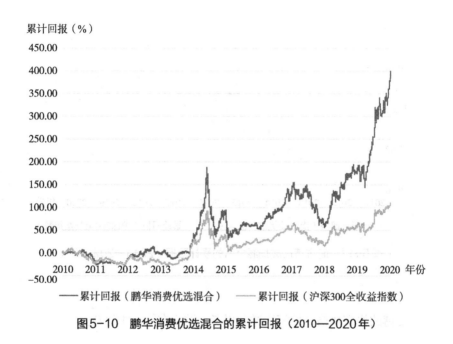

图5-10　鹏华消费优选混合的累计回报（2010—2020年）

　　王宗合的投资风格偏向于集中持股。其投资偏好于消费行业，尤其是食品饮料行业。

史　博

　　现任职于南方基金，2004年起在泰达宏利基金任职基金经理，2009年加入南方基金。其管理的南方绩优成长混合A（代码：202003）自2011年年初至2020年年底，累计回报2.3倍，复合年化收益率为12.8%，如图5-11所示。

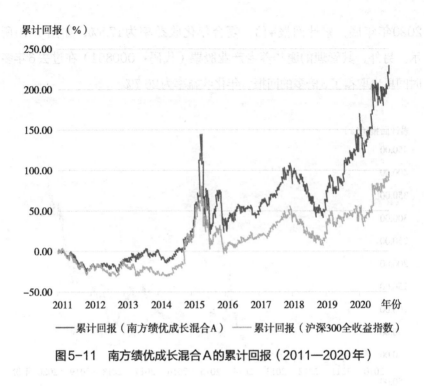

累计回报（%）

——累计回报（南方绩优成长混合A）　　——累计回报（沪深300全收益指数）

图5-11　南方绩优成长混合A的累计回报（2011—2020年）

史博的投资风格是偏好于逆向思考，敢于在熊市中建仓。

邹　曦

现任职于融通基金，2007年起在融通基金任职基金经理。其管理的融通行业景气混合A（代码：161606），从2012年7月至2020年年末，累计回报3.16倍，复合年化收益率为18.3%，如图5-12所示。不过值得注意的是，该基金的主要超额收益都是在2019—2020年获得的，2012—2018年的收益与沪深300全收益指数相比，业绩并不明显。

邹曦的投资风格是基于产业趋势投资，喜欢先判断一个行业未来几年的趋势，然后做多行业的超额收益。

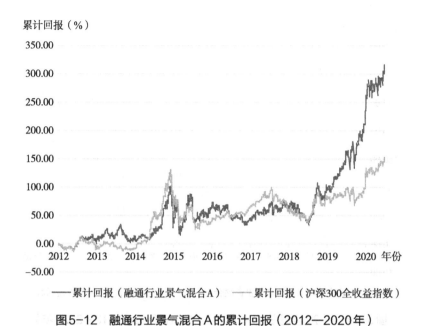

累计回报（％）

图5-12 融通行业景气混合A的累计回报（2012—2020年）

董承非

现任职于兴证全球基金，2007年开始在兴全基金开始其基金经理生涯。他管理的兴全趋势投资混合（LOF）（代码：163402）从2013年10月到2020年年末，累计回报达3.3倍，复合年化收益率高达22.5%，如图5-13所示。其曾经管理的另一只基金——兴全全球视野股票（代码：340006）从2007到2015年累计创造3.6倍的回报，复合年化收益率为18.5%。

董承非的投资风格就是"稳"——稳健投资辅之以一定进攻性，不会出现大起大落式的业绩回报。其短期的投资业绩并非排名靠前，但随着时间的流逝，往往能够获得超越市场的复合年化收益。

累计回报（%）

图5-13　兴全趋势投资混合（LOF）的累计回报（2013—2020年）

曹名长

　　现任职于中欧基金，其基金经理生涯始于新华基金。在新华基金任职期间，他管理的新华优选分红混合（代码：519087）从2006年7月至2014年6月，累计回报6.1倍，复合年化收益率为22.4%，如图5-14所示。

　　曹名长的投资风格偏向于寻找低估值的蓝筹股。但自2015年加入中欧基金以来，其投资风格更趋向于价格合理（甚至略贵）的优质成长型龙头企业，这一点在美股市场也是如此。曹名长在中欧基金这几年管理的基金业绩平平。

王　栩

　　现任职于汇添富基金。王栩自2010年2月起管理的汇添富优势精选混合（代码：519008）在10年多的时间里累计回报3.2倍，复合年化收益率为14%，如图5-15所示。他管理的另一只基金——汇添富美丽30混合（代码：000173）自2013年6月至2020年年末，累计回报2.8倍，复合年化收益率为20%，也如图5-15所示。

王栩的投资风格偏好于"大盘核心资产"，即行业龙头股票。

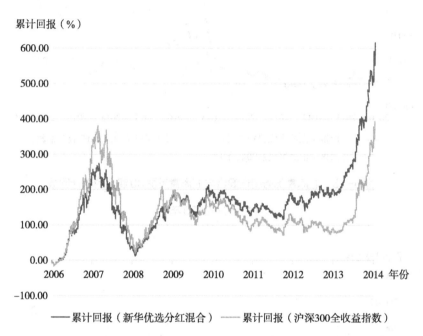

图5-14 新华优选分红混合的累计回报（2006—2014年）

顾耀强

现任职于汇添富基金，硕士学历，2009年在汇添富基金开始其基金经理生涯。其管理的汇添富逆向投资混合（代码：470098）在8年多的时间里累计回报3.4倍，复合年化收益率为19%（见图5-16）。

图5-15　汇添富优势精选混合与汇添富美丽30混合的累计回报

（2010—2020年）

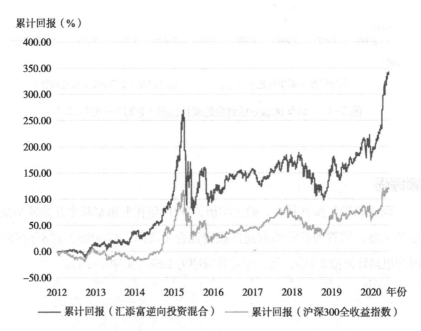

图5-16　汇添富逆向投资混合的累计回报（2012—2020年）

顾耀强对于旗下管理的不同基金，不会简单地进行复制，而是根据产品预先设定的投资风格，进行定制化投资。因此，他管理的不同基金在同一时期的投资收益差异较大。

谢治宇

现任职于兴证全球基金，2013年开始其基金经理生涯。其管理的兴全合润混合（代码：163406）从2013年1月至2020年年末，累计回报6.9倍，复合年化收益率高达29.8%（见图5-17）。

谢治宇的投资风格是"慢就是快"，追求股票性价比，因此他管理的基金在熊市中很少出现大幅回撤的情况。

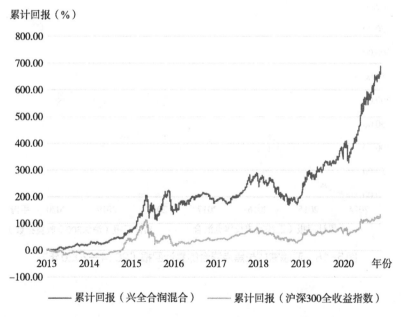

图5-17　兴全合润混合的累计回报（2013—2020年）

雷 鸣

现任职于汇添富基金，管理学硕士，2014年起在汇添富基金开始其基金经理生涯。其管理的汇添富成长焦点混合（代码：519068）、汇添富蓝筹稳健混合（代码：519066）都取得了优异的业绩。其中，汇添富成长焦点混合自2014年3月至2020年年末累计回报4.3倍，复合年化收益率为27.9%，如图5-18所示。

雷鸣的换手率较低，近几年转向大盘股，取得了优异的成绩。

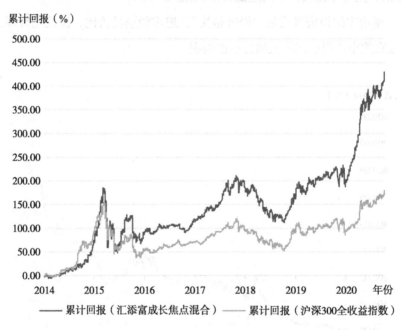

图5-18 汇添富成长焦点混合的累计回报（2014—2020年）

孙 伟

现任职于民生加银基金，硕士学历，2014年起开始基金经理生涯。其管理的民生加银策略精选混合A（代码：000136）自2014年7月至2020年年末，累计回报5.1倍，复合年化收益率为32.1%，如图5-19

所示。

　　孙伟具有计算机专业的背景，因此偏好成长型科技股。目前，孙伟管理的基金产品的数量有点多，可能限制了基金的未来收益水平。

图5-19　民生加银策略精选混合A的累计回报（2014—2020年）

赵晓东

　　现任职于国海富兰克林基金，2009年开始其基金经理生涯。他管理的国富中小盘股票（代码：450009）从2010年11月至2020年年末累计回报3.5倍，复合年化收益率为16.1%，如图5-20所示。

　　赵晓东的投资风格是强调安全边际，重视对公司本身的深入研究（包括对公司创始人和管理层的研究），偏好于价值股。

累计回报（%）

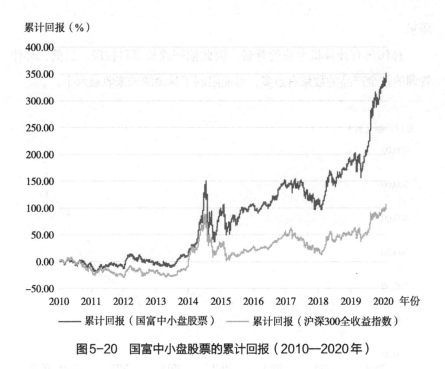

图5-20　国富中小盘股票的累计回报（2010—2020年）

张　坤

　　现任职于易方达基金，硕士学历，从2012年开始其基金经理生涯。其管理的易方达中小盘混合（代码：110011）从2012年9月至2020年年末累计回报高达7.2倍，复合年化收益率为29%，如图5-21所示。通过收益走势可以看出，2012—2015年，该基金并未有突出的超额业绩，但从2016年开始，该基金持续创造大幅的超额回报。

　　张坤的投资风格是选择行业最强的龙头性公司——有着良好的赢利模式和增长持续性。因此，他的投资偏好于消费类龙头公司。

累计回报（%）

图5-21　易方达中小盘混合的累计回报（2012—2020年）

傅友兴

现任职于广发基金，2013年起开始其基金经理生涯。其管理的广发稳健增长混合A（代码：270002）自2014年12月至2020年年底累计回报177.2%，复合年化收益率为18.3%，而同期沪深300全收益指数的年化收益率只有10.3%，如图5-22所示。

萧　楠

现任职于易方达基金，硕士学历，2012年开始其基金经理生涯。其管理的易方达消费行业股票（代码：110022）从2012年9月至2020年年底，累计回报5.4倍，复合年化收益率为25.2%，如图5-23所示。

或许是管理消费类行业基金的关系，萧楠偏好消费行业的龙头公司。

累计回报（%）

累计回报（广发稳健增长混合A）　　累计回报（沪深300全收益指数）

图5-22　广发稳健增长混合A的累计回报（2014—2020年）

累计回报（%）

累计回报（易方达消费行业股票）　　累计回报（沪深300全收益指数）

图5-23　易方达消费行业股票的累计回报（2012—2020年）

劳杰男

现任职于汇添富基金，从2015年开始其基金经理生涯。其管理的汇添富价值精选混合A（代码：519069）自2015年11月至2020年年末累计回报达125.8%，复合年化收益率为17.2%，而同期沪深300全收益指数的年化收益率只有9.1%，如图5-24所示。

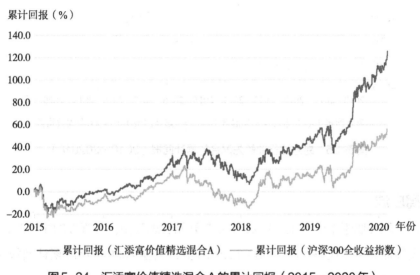

图5-24　汇添富价值精选混合A的累计回报（2015—2020年）

冯　波

现任职于易方达基金，经济学硕士。冯波的从业背景比较丰富，他在易方达基金先是做渠道销售，后转为行业研究员，再转为基金经理，2009年起开始管理公募基金产品。他管理的易方达行业领先混合（代码：110015）自2010年年初至2020年年末累计回报3.5倍，复合年化收益率为14.6%，如图5-25所示。

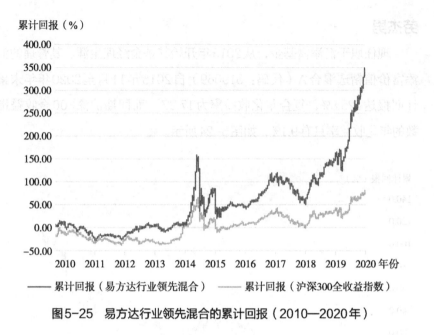

图5-25　易方达行业领先混合的累计回报（2010—2020年）

周应波

现任职于中欧基金，自2015年起开始管理基金。其管理的中欧时代先锋股票A（代码：001938）自2015年11月至2020年年底累计回报3倍，复合年化收益率为30.9%，如图5-26所示。

周应波偏好科技行业的股票，投资的换手率处于较高水平，喜欢进行波段操作。

袁　芳

现任职于工银瑞信基金，2015年起开始其基金经理生涯。其管理的工银文体产业股票A（代码：001714）2015—2020年的累计回报高达274.18%，复合年化收益率为30.2%，而同期沪深300全收益指数的年化收益率只有9.1%（见图5-27）。

这只基金的成立日期是2015年12月30日，由于新基金有3个月的建仓期，它正好躲过了2016年年初的股市大幅回调。该基金也在2016年获得了罕见的正收益，而且高达15.72%。不过，随后的净值走势充分证明了基金经理的投资能力，其优秀业绩表现并非偶然。

袁芳的投资风格是偏好消费和制造业。

累计回报（%）

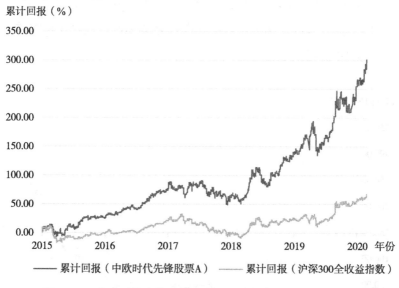

图5-26 中欧时代先锋股票A的累计回报（2015—2020年）

累计回报（%）

图5-27 工银文体产业股票A的累计回报（2016—2020年）

曲　扬

自2013年起在南方基金开始基金经理生涯，2015年起任职于前海开源基金。其管理的前海开源国家比较优势混合（代码：001102）自2015年至2020年年末的累计回报高达286.10%，复合年化收益率为27%；而同期的沪深300全收益指数的累计回报只有29.23%，复合年化收益率为4.64%，如图5-28所示。

累计回报（%）

—— 累计回报（前海开源国家比较优势混合）　—— 累计回报（沪深300全收益指数）

图5-28　前海开源国家比较优势混合的累计回报（2015—2020年）

葛　兰

现任职于中欧基金，生物医学博士。葛兰的突出优势是具备医药生物的学历背景，这使得其对医药行业的理解比较深入。因此其在中欧基金初期主要管理医药行业或主题的基金，随后逐步扩展到泛行业的基金。其管理的中欧医疗健康混合A（代码：003095）从2016年9月至2020年年末，累计回报2.6倍，复合年化收益率为35.4%，如图5-29

所示。

累计回报（%）

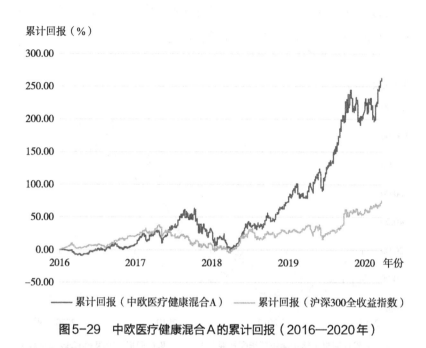

图5-29　中欧医疗健康混合A的累计回报（2016—2020年）

葛兰的任职时间只有5年多，不算太长。之前管理的医药行业基金的高额回报中的很大一部分来自行业Beta。因此，葛兰需要在更长的时间里证明其管理的基金能够持续创造超额收益。另外，葛兰在医药行业之外的选股能力，还有待时间检验。

冯明远

现任职于信达澳银基金。冯明远的基金经理任职时间不算太长，不到5年。其管理的信达澳银精华配置混合（代码：610002）自2017年年末至2020年年末，累计回报1.1倍，复合年化收益率为27.6%，如图5-30所示。

冯明远的投资偏好于科技行业，其管理的信达澳银新能源产业股票

（代码：001410），正好赶上2019—2020年新能源股票的大爆发，取得
了惊人的业绩。不过，冯明远的任职时间不算太长，还未经历大的牛熊
周期，因此其业绩的可持续性有待时间的检验。

图5-30　信达澳银精华配置混合的累计回报（2017—2020年）

 延伸阅读

优秀的基金经理都有哪些共同特质？

　　上面介绍的是国内公募基金行业部分优秀基金经理。基金经理
这个职业犹如大浪淘沙，业内从来不缺短期业绩耀眼的明星，他们
大多如流星一般转瞬即逝。真正能够在股市中创造稳定长期回报的
基金经理，寥若晨星。通过总结上面这些优秀的基金经理，我们可
以发现他们的一些共同之处。

1.**精选优质个体企业为先，自下而上的选股策略较多。**虽然有小部分基金经理使用自上而下、行业轮动等方式选股，但随着从业年限的增加，大部分都变成以精选个股为主。时间拉得越长，"选股票就是选公司"这句话越正确。中短期的股价，受宏观环境、行业环境、市场情绪等的影响较大，但企业的股价最终主要取决于企业本身。

2.**忽略择时。**择时是一个非常有诱惑力但致命的选择：高抛低吸，反复赚市场的钱。但随着从业经验的丰富，这些优秀的基金经理都发现，择时是极难的，或者说从长期来看，择时收益为零甚至为负（考虑到所投入的精力和调仓成本）。精选优质基金，并长期持有，是最重要的事。因此，大部分长期业绩表现优秀的基金，都长期保持高仓位运作。

3.**低换手率。**这一点与前面两点是一致的。只有选中优质基金，并长期持有，才能获得超额回报。在这种情况下，低换手率是一个自然的结果。国内公募基金的换手率中位数大约在230%，而上述基金经理的换手率普遍较低。比如董承非、谢治宇、刘彦春、余广、张坤等人，换手率都在100%左右。

我们在选择基金时，是否也需要学习这些明星基金经理的投资方式呢？我们不要轻易地把基金当股票，来回买卖、波动操作，仿佛自己比市场上别的人更聪明一些。在股市处于熊市时，我们应放心大胆地买入并长期持有几只基金，之后耐心等待。随着时间的流逝，我们一定会取得比自己反复操作更高的投资收益。

投资之道，少即是多。

延伸阅读

如何看待"一拖N"的基金经理?

很多基金经理尤其是明星基金经理,都存在"一拖N"的情况:同时管理着好几只基金,而这些基金的投资风格不尽相同。

基金经理临时管理多只基金很正常,因为基金经理正常的离职流动,导致其管理的基金肯定需要公司其他基金经理来临时代管,待找到合适人选后再转出去。但是近年来,基金经理"一拖N"的情况非常普遍,一个重要原因是:现在明星基金经理的吸金效应太强,公司为了增加管理规模,让明星基金经理挂帅,以吸引更多散户申购。

但实际上,基金经理的精力是有限的,管理的产品一多,每只产品所投入的资源相对有限,对基民来说是不利的。无奈之下,很多"一拖N"的基金经理对管理的多只产品就采取了复制策略:每只基金的投资风格和持仓高度趋同,并不能完整体现产品创设之时的目标投资风格。这些基金看起来名称各异,但实际上业绩差异不大。

我们来举个例子。

交银施罗德基金的何帅管理着三只基金:交银优势行业混合(代码:519697)、交银阿尔法核心混合(代码:519712)及交银持续成长主题混合(代码:005001)。截至2021年2月21日,他管理的基金总规模达178亿元。根据2020年第四季度的报告,截至2020年年末,这三只基金的前十大重仓持股如表5-5、表5-6、表5-7所示。

表5-5　交银优势行业混合的持仓（2020年年末）

序号	股票代码	股票名称	占净值比例	持股数（万股）	持仓市值（万元）
1	002050	三花智控*	8.39%	2 284.64	56 316.37
2	000002	万科A*	8.03%	1 879.56	53 943.35
3	002049	紫光国微*	4.82%	241.65	32 335.78
4	300271	华宇软件*	4.46%	1 253.29	29 916.10
5	002352	顺丰控股*	4.44%	338.85	29 831.13
6	000961	中南建设*	4.36%	3 316.99	29 289.04
7	002831	裕同科技*	3.99%	875.12	26 796.16
8	600048	保利地产*	3.87%	1 640.40	25 951.07
9	603129	春风动力*	3.11%	120.05	20 911.81
10	002555	三七互娱	2.98%	641.12	20 022.20

注：股票名称结尾带*的，代表股票在三只基金的重仓股中均出现。

表5-6　交银阿尔法核心混合的持仓（2020年年末）

序号	股票代码	股票名称	占净值比例	持股数（万股）	持仓市值（万元）
1	002050	三花智控	9.50%	3 197.63	78 821.64
2	000002	万科A	9.26%	2 678.28	76 866.50
3	600048	保利地产	6.19%	3 248.14	51 385.62
4	002049	紫光国微	5.77%	358.09	47 915.38
5	000961	中南建设	5.49%	5 163.42	45 593.01
6	300271	华宇软件	5.30%	1 844.11	44 018.80
7	002352	顺丰控股	4.95%	466.61	41 063.48
8	002831	裕同科技	4.12%	1 116.13	34 175.80
9	600383	金地集团	3.49%	2 144.49	28 950.55
10	603129	春风动力	3.22%	153.44	26 727.59

表5-7　交银持续成长主题混合的持仓（2020年年末）

序号	股票代码	股票名称	占净值比例	持股数（万股）	持仓市值（万元）
1	002050	三花智控	8.56%	978.50	24 119.95
2	000002	万科A	8.36%	820.99	23 562.54
3	600048	保利地产	5.65%	1 007.23	15 934.43
4	002049	紫光国微	5.39%	113.59	15 198.81
5	000961	中南建设	4.98%	1 590.45	14 043.66
6	300271	华宇软件	4.97%	586.66	14 003.66
7	002352	顺丰控股	4.38%	140.43	12 350.16
8	002831	裕同科技	3.78%	348.05	10 657.14
9	600383	金地集团	3.12%	651.53	8 795.63
10	002555	三七互娱	3.06%	276.58	8 637.68

　　我们可以看到，何帅管理的这三只基金，虽然名称所标识的投资风格各异，但重仓持股高度重叠，即采用了复制策略。

　　其实在美国，很多基金经理在职业生涯中只管理一只或很少的几只基金，这样能够保持基金投资风格的稳定性，也能更好地追溯基金经理的历史业绩。但国内由于公募基金正处于蓬勃发展阶段，尚未成熟，而且基民热衷于购买明星基金经理的产品，所以出现了"一拖N"的现象。

　　当然，也有例外。富国基金的朱少醒从业15年以上，一直只管理一只基金——富国天惠成长混合，可谓是"从一而终"。另外，兴证全球基金也在力争打造精品基金，截至2021年2月底，虽然其股票类基金（股票基金、混合基金）的管理规模超过2 000亿元，但其基金数量却不到30只（不考虑份额分类）。

　　笔者建议，在选择基金经理时，在同等条件下，优先选择管理只数少一些的基金经理，这样他们可以花更多的精力在有限的产品上，更容易做出投资业绩。

正确看待历史业绩

在选基金时，很多人的首要考虑因素是过去几年（尤其是过去一年）的历史业绩，大家都偏好冠军基金（上一年业绩表现最好的那些基金）。短期业绩对我们选择一只优质基金真的那么重要吗？

 基金内幕

选冠军基金就能稳赢吗？

我们设想一个情形：假设从2011年到2020年，你每年都买入上一年的业绩冠军基金，并且持有一年；下一年年初时，再换一只上一年的业绩冠军基金。例如，2011年年初，你买入2010年的冠军基金，并且在2011年年末赎回；然后在2012年年初，买入2011的年冠军基金，如此往复。那么，从2011年到2020年的10年间，你的收益表现如何呢？（我们这里限定的是偏股类基金，包括股票型基金、偏股混合型基金、平衡型混合基金。）

其实际业绩表现如表5-8所示。

表5-8　冠军基金的后续业绩表现（2011—2020年）

冠军基金名称	2010	2011	2012	2013	2014	2015	2016	2017	2018	2019	2020
华商盛世成长混合	37.8%	-29.1%									
交银优势行业混合		-0.7%	-2.1%								
景顺长城核心竞争力混合A			31.7%	21.2%							

（续表）

冠军基金 名称	2010	2011	2012	2013	2014	2015	2016	2017	2018	2019	2020
中邮战略 新兴产业 混合				80.4%	57.3%						
工银金融 地产混合 A					102.5%	21.7%					
易方达新 兴成长灵 活配置						171.8%	−39.8%				
兴业聚利 灵活配置 混合							29.9%	4.3%			
东方红睿 华沪港深 混合								67.9%	−22.0%		
长安鑫益 增强混合 A									14.2%	11.8%	
广发双擎 升级混合 A										121.7%	66.4%
农银工业 4.0混合											166.6%

注：表格中带灰底的数字是当年的冠军基金的收益率表现。冠军基金收益率随后一年的数据，是你下一年的投资业绩。

　　这10年坚持下来，累计回报46.7%，复合年化收益率只有3.9%。如果不算上2020年这个超级牛市年，那么2011—2019年累计亏损11.8%！你不但没挣到钱，还亏了11.8%。所以这种跟风追热门基金的做法，根本就是不挣钱的！

　　为什么选冠军基金不容易挣钱？因为将业绩做到冠军级别，

大多是基金所在行业本身暴涨，或者基金经理投资风格走极端的结果。这两种情况在后续年份中都不可持续，而且往往成为业绩的拖累。由于"均值回归"这个"万有引力"定律的存在，暴涨的业绩不可能持续下去。

所以，我们在选择一只基金的时候，千万不要过分注重短期业绩。一只基金最近一两年的业绩，往往受市场因素、基金风格、基金经理的投资风格等因素的影响，很难证明这只基金就是优秀的基金。因此，我们在筛选优秀基金经理的时候，通常要看其过去五年以上的投资业绩。

"选基金就是选基金经理。"如果你持有的一只基金的基金经理换了，怎么办？看历史业绩还有用吗？是否应该继续持有？

如果是大中型的基金公司，整体的投研团队是共享的，因此换了另一位基金经理，该基金仍然能够得到公司投研资源的支持。尤其当你买的基金是公司的明星产品时，基金公司往往会珍惜羽毛，并派经验比较丰富的基金经理来管理。如果是中小型的基金公司，旗下的明星基金经理并不多，公司的投研资源相对有限，更多地依靠基金经理突出的个人能力，那么在这种情形下更换基金经理，对这只基金的影响是非常大的。当然，大中型基金公司的基金换了基金经理，对基金未来的业绩也会有影响。毕竟真正做出投资决定的是基金经理，而每个基金经理的投资能力、经验、风格的差异极大。

另外，有很多基金近几年的历史业绩非常出色，主要原因并不是基金经理优秀，而是：（1）基金本身属于行业或主题型基金，在过去一段时间内此行业或主题表现优秀；（2）基金经理的投资风格激进，集中押注某一行业，并获得了成功。这两个原因都可能使基金的短期历史业绩表现出色，但并不会持久。

👁 **实 例**

2019—2020年医药行业波澜壮阔的行情

2016—2018年，医药行业表现一直不温不火，300医药指数不涨不跌。中欧基金旗下的中欧医疗健康混合A（代码：003095）相对于医药行业的300医药指数和沪深300指数，都没有突出的业绩表现，两年半的累计回报仅为4%。从2019年开始，医药行业的股票迎来大爆发，2019—2020年，表现都非常优秀。医药行业指数大幅跑赢沪深300指数，中欧医疗健康混合A的回报也迎来大爆发，复权净值增长了2.5倍（见图5-31）。这得益于基金经理葛兰突出的选股能力，但更重要的是市场趋势配合，否则将陷入"巧妇难为无米之炊"的境地。

图5-31　中欧医疗健康混合A及300医药指数的业绩表现（2016—2020年）

那么，未来几年医药行业能否延续这种史诗级的牛市行情，无疑是要打个问号的。所以，我们不能过分迷信基金的历史业绩。

一只基金的净值增长，固然要靠基金经理的个人奋斗，更要看股市上涨的进程。

 实　例

赌性较强的基金

金鹰中小盘精选混合（代码：162102）是金鹰基金旗下的一只偏股混合型基金。这只基金的持有人以散户为主。其2020年年报披露，持有人户数为2.12万户，个人持有比例达99.85%。但该基金在2020年换仓频繁，在不同行业之间频繁切换，且集中押注某个单一行业（见表5-9、表5-10）。

表5-9　金鹰中小盘精选混合的前十大持仓明细（2020年一季度末）

序号	股票代码	股票名称	占净值比例	持仓市值（万元）
1	600621	华鑫股份	3.82%	1 765.25
2	002131	利欧股份	3.68%	1 697.36
3	603290	斯达半导	3.51%	1 619.07
4	601990	南京证券	3.41%	1 572.42
5	603738	泰晶科技	3.39%	1 565.67
6	688023	安恒信息	3.39%	1 565.19
7	002912	中新赛克	3.33%	1 538.42
8	300624	万兴科技	3.32%	1 530.54
9	603005	晶方科技	3.28%	1 513.91
10	601066	中信建投	3.23%	1 492.23
总计	—	—	34.36%	15 860.06

表5-10　金鹰中小盘精选混合的前十大持仓明细（2020年四季度末）

序号	股票代码	股票名称	占净值比例	持仓市值（万元）
1	300059	东方财富	5.88%	2 306.71
2	600999	招商证券	4.82%	1 888.56
3	600030	中信证券	4.51%	1 769.41
4	600621	华鑫股份	4.17%	1 634.87
5	601211	国泰君安	4.08%	1 599.96
6	601377	兴业证券	3.57%	1 400.26
7	600109	国金证券	3.33%	1 307.46
8	601878	浙商证券	3.21%	1 257.40
9	300033	同花顺	3.18%	1 248.48
10	600837	海通证券	3.16%	1 238.29
总计	—	—	39.91%	15 651.40

　　我们可以看出，该基金在2020年年初，集中押注在电子、TMT行业，但2020年的整体业绩表现一般。到了2020年年末，其持仓又全部集中在券商股。这种集中押注某一行业的做法，可能在某一时期赶上市场风口而获得突出业绩，但采取这种方法获得的业绩不可持续，往往大起大落。从换手率来看，2020年年报披露该基金的换手率是625.48%，明显高于行业平均水平。

龙叔曰：

- 不要过分注重一只基金的短期业绩表现，而要看至少三年以上的历史业绩。

- 在中小型基金公司中，基金经理的作用和影响力会更大一些，因为公司资源的支持相对有限。
- 一只基金是否优秀，主要取决于基金经理。当然，这一点在中小型基金公司会体现得更明显。

基金成本很重要

买入一只基金时，你要承担两种成本：第一种是显性成本，即基金本身的各项费用，包括交易费用和运行费用；第二种是隐性成本，即你在市场什么位置买入了基金。

显性成本

显性成本很好理解，在之前的章节中我们专门讲过基金的费率。交易费用包括申购费、赎回费等一次性费用，而运行费用包括管理费、托管费、销售服务费等按年收取的费用（在实际运作中，从基金财产中每日计提扣除）。

在同等条件下，我们肯定优先选择显性成本低的基金。至少，这能很清晰地为你省了钱。下面几条是节约显性成本的方法。

基金买旧不买新。国内公募行业的明星基金经理，往往在市场火热时募集大量规模的新基金。很多投资者趋之若鹜，仿佛新的基金比老的好。其实，新基金需要缴纳1.2%左右的认购费，而且不能打折！而同样是这位基金经理管理的老基金，针对1.5%左右的申购费，第三方平台都能打一折，即0.15%；如果你在基金公司官方App购买基金，那么申购费更低甚至为零。更何况，新基金还有三个月左右的建仓期。孰优孰劣，一目了然。

实 例

基金买旧不买新

2021年1月18日，易方达基金发行易方达竞争优势企业混合基金（A类份额代码为010198，C类份额代码为010849），目标募集资金120亿元，最终认购资金高达2 398.58亿元，创造了国内公募基金行业的募集规模纪录。该基金的基金经理是冯波。你如果认购了这只基金，就需要缴纳最高1.2%的认购费（见表5–11），而且不能打折！

表5–11　易方达竞争优势企业混合基金的认购费

适用金额	认购费率
金额 < 100万元	1.20%
100万元≤金额 < 200万元	0.80%
200万元≤金额 < 500万元	0.20%
金额≥500万元	每笔1 000元

实际上，冯波同时管理的存量基金有好几只（见表5–12），其投资风格与新发基金差异不大。

表5–12　冯波管理的其他老基金

基金代码	基金名称	基金类型	起始时间	截止时间	规模（亿元）
008286	易方达研究精选股票	股票型	2020-02-21	2021-01-12	94.99
005875	易方达中盘成长混合	混合型	2018-07-04	2021-01-12	30.64
110015	易方达行业领先混合	混合型	2009-12-31	2021-01-12	19.84

实际上，冯波管理的几只基金，基本使用的都是复制策略。这几只基金的持仓是高度重叠的。以2020年年末的数据为例，上述基金的持仓明细如表5-13~表5-15所示。

表5-13　易方达研究精选股票基金的持仓明细（2020年年末）

序号	基金代码	品种简称	持仓市值（元）	占基金净值比（%）
1	601012.SH	隆基股份	1 148 181 259.80	9.58
2	000568.SZ	泸州老窖	1 140 890 806.88	9.52
3	000858.SZ	五粮液	1 070 313 179.00	8.93
4	03690.HK	美团-W	1 057 519 363.87	8.83
5	00700.HK	腾讯控股	1 010 556 811.34	8.43
6	600519.SH	贵州茅台	904 055 040.00	7.54
7	00291.HK	华润啤酒	848 033 770.76	7.08
8	02020.HK	安踏体育	722 718 203.77	6.03
9	000333.SZ	美的集团	574 008 660.44	4.79
10	00168.HK	青岛啤酒股份	506 544 737.22	4.23
合计	—	—	8 982 821 833.08	74.96

表5-14　易方达中盘成长混合基金的持仓明细（2020年年末）

序号	基金代码	品种简称	持仓市值（元）	占基金净值比（%）
1	000568.SZ	泸州老窖	248 373 209.04	9.06
2	601012.SH	隆基股份	238 293 297.20	8.70
3	03690.HK	美团-W	236 442 396.52	8.63
4	00168.HK	青岛啤酒股份	202 973 268.96	7.41
5	00291.HK	华润啤酒	196 985 168.69	7.19
6	00700.HK	腾讯控股	172 547 982.96	6.30
7	300628.SZ	亿联网络	151 567 230.72	5.53
8	02020.HK	安踏体育	151 122 269.32	5.52

（续表）

序号	基金代码	品种简称	持仓市值（元）	占基金净值比（%）
9	000100.SZ	TCL科技	143 610 535.92	5.24
10	002142.SZ	宁波银行	123 952 328.82	4.52
合计	—	—	1 865 867 688.15	68.10

表5-15　易方达行业领先混合基金的持仓明细（2020年年末）

序号	基金代码	品种简称	持仓市值（元）	占基金净值比（%）
1	601012.SH	隆基股份	222 742 384.20	9.44
2	000333.SZ	美的集团	219 676 932.08	9.31
3	000858.SZ	五粮液	211 500 192.80	8.96
4	000568.SZ	泸州老窖	208 135 048.00	8.82
5	600519.SH	贵州茅台	200 984 814.00	8.52
6	600036.SH	招商银行	138 415 075.20	5.87
7	000100.SZ	TCL科技	118 846 940.28	5.04
8	300628.SZ	亿联网络	113 253 228.16	4.80
9	600600.SH	青岛啤酒	97 690 320.00	4.14
10	000661.SZ	长春高新	93 507 953.00	3.96
合计	—	—	1 624 752 887.72	68.86

可以看出，冯波的持股是非常集中的，前十大持仓占基金资产均在七成左右，而且持仓个股高度重叠。在这种情况下，为什么要买新发的基金呢？买老基金不香吗，至少能节约1%以上的认（申）购费？

买指数基金比主动管理型基金要节省成本。在A股市场，主动管理型基金能够持续创造超越大盘指数的收益，因此主动管理型基金是值得长期持有的。但在有些情况下，买指数基金更好。

- 你的专业技能能够让你判断某个行业具备上扬的发展趋势，那么买入该行业的窄基指数基金。
- 主动管理型基金太多，让你无法筛选出优质基金，那么直接买入指数基金，并结合定投。

在你买入指数基金后，上述两种情况都能让你拥有一个明显的优势：指数基金的费率要比主动管理型基金便宜很多（见表5-16）。

表5-16　主动型股票类基金与指数基金的费率比较

比较项目	主动管理型的股票类基金	指数基金
申购费率（折扣后，%）	0.15	0.12
赎回费率（%）	1.5～0.0	1.5～0.0
管理费率（%/年）	1.5	0.5
托管费率（%/年）	0.20～0.25	0.1
销售服务费率（%/年）	0～0.40	0～0.40

注：股票类基金包括股票型基金和偏股混合型基金。

总体而言，**买指数基金，每年能节省大约1.2%的运行费率**。不要小看这个费率，由于时间的复利作用，时间一长，净值能够增厚不少。10年时间，财富差异达12.7%；20年时间，财富差异达26.9%；50年时间，财富差异达81.6%（见图5-32）。

场内基金比场外基金要节省费用。场内基金主要有两种形式：第一种是LOF基金，第二种是ETF基金。

LOF基金既可以在场外申赎，也可以在场内申赎，还可以在场内二级市场交易。LOF基金的申购、赎回费用和场外的主动管理型基金没什么区别，管理费率约1.5%/年，托管费率约0.25%/年。但是，你如果使用证券账户在交易所二级市场买入LOF基金（如同买股票一样），则不用交申购费：因为你是从别的基民手上转让过来的，自然就不用再向基金公司交申购费了。卖出时也是如此，不用交赎回费。在二级市场买入，只需要交很少的交易佣金，一般券商的佣金费率为万分之二到万分之五（具体费率取决于券商），非常低廉。

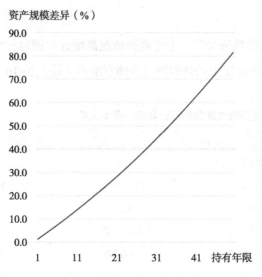

资产规模差异（%）

图5-32　指数基金节约的费率导致的资产净值差异

注：假设指数基金与主动管理型基金的其他收益一样，但指数基金节省了1.2%/年的成本。

 实　例

场内基金的费用更便宜

富国基金旗下的富国天惠成长混合A/B（LOF）（代码：161005）由明星基金经理朱少醒管理。这只基金就是LOF基金。正常的折后申购费率为0.15%，赎回费率为0.5%（持有期限≥7天）。但是，你如果用券商App在交易所二级市场直接买入，就可免去申购费，只需交万分之二到万分之五的交易佣金。

假设买入10万元的这只基金，持有1个月。如果是场外申购或场内申购，需交0.15%的申购费，约150元；还需交0.5%的赎回费，约500元；两者合计650元。

如果是场内二级市场买入这只基金，一个月后卖出，则只需要交买卖时的交易佣金。假设佣金费率为万分之三，则两次操作费用共计约60元，比申购赎回操作要节约590元交易费用。

ETF基金比LOF基金更近一步。ETF基金几乎都是指数基金，而且在交易所内可以交易。因此，除了像LOF基金一样，二级市场买卖免申赎费用之外，ETF基金本身的管理费和托管费也比场外主动管理型基金要便宜很多。ETF基金最常见的管理费率为0.5%/年，托管费率为0.1%/年。

购入成本

买基金的隐性成本，是指你买入基金时的建仓成本。为什么这个成本是隐性的呢？因为在你买入基金时，没人会告诉你买贵了还是买得便宜。你是在大盘6 000点时买的基金，还是在3 000点时买的基金，对你未来的投资收益有着决定性的影响！

为什么基金投资从历史数据来看是挣钱的，但是大部分基民在基金投资方面都是亏钱的？就是因为买入成本的问题！大部分人喜欢在股市火热时购买基金，往往都是高位站岗，而且一站好多年；而在股市熊市、基金发行困难时，基民往往不买基金，而是割肉赎回基金。

买得便宜，是基金赚钱的关键。

普通基民要想买得便宜，有几招倒是非常实用的。

第一招，逆市场操作。在熊市中大量买入基金，耐心等待，在牛市中逐步减仓。这一招是反人性的，人的本能就是追涨杀跌，喜欢在股市火热时买入爆款基金，殊不知这很容易陷入高位站岗的境地。而在熊市中，新发基金往往募集困难，但是买入成本很低。这也是巴菲特说的"别人恐惧时我贪婪，别人贪婪时我恐惧"。但要做到这一点，需要对投资有相当的认知和定力，需要忍耐长时间的寂寞甚至亏损。一个容易观察的例子是：牛市后期往往市场上的爆款基金层出不穷，而熊市中经常听说某些新发基金募集困难。

从图5-33中可以看到，股市牛市后期，往往是爆款基金频发的时候。

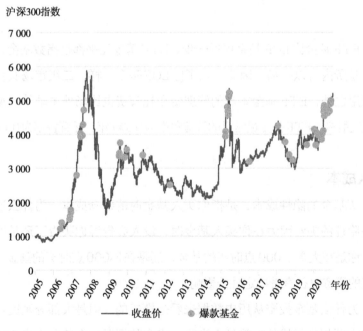

图5-33 爆款基金与大盘指数走势的关系

注：（1）爆款基金的定义是发行金额超过100亿元的股票类基金；（2）2018年股市处于熊市，沪深300指数下跌25.31%，但由于当年发行了好几只爆款战略配售基金（投资于中国存托凭证），因此属于异常点。

因此，我们在爆款基金频发的时候，一定要冷静。并不是说我们一定就会亏钱，但是风险较大。如果遇上股市下跌，那么我们可能需要好几年才能解套。相反，如果在熊市中，基金无人问津，反而股票的建仓成本很低，值得买进并长期持有。当然，投资中最宝贵的是耐心，"拿得住"是最难的。

第二招，基金定投。既然怕买基金时高位站岗，又怕熊市时自己没有这个决心大量买入，那就做基金定投吧——每个月用固定金额买入心仪的基金，不管股市涨跌，长期坚持。基金定投能够熨平你持有的基金的成本，至少能够让你获得股市整体的收益。我们统计了沪深300全收益指数（代码：H00300），2005—2020的16年间，其复合年化收益率为11.1%，还是非常不错的。关于如何制订个性化的基金定投计划，我们在后面章节中会详细叙述。

买了之后的定期追踪

虽然我建议大家在买了一只优质基金后，就可以放心地长期持有了，不要每天都去看基金净值涨跌，以免影响自己的情绪，但是有几种情况，还是需要我们对持有的基金进行定期跟踪的。

第一，**定期看基金经理的前十大持仓**。每个公募基金产品，都需要公布每个季度末的前十大持仓。通过每个季度的持仓，我们可以看出基金经理的投资风格有没有漂移。当然，能看懂持仓的前提是，你对股市和股票投资有一定的了解，否则你也看不出任何门道。当然，有些第三方机构会定期对一些热门基金做详细的投资风格解读，值得去看看。

第二，**看看基金经理有没有换**。基金经理对于基金业绩的重要性不用多说，不管是基金经理跳槽还是换岗，都可能导致你所持有的基金的基金经理换人。在这种情况下，你需要分析是否还要继续持有，或是换成别的基金。

第三，**你如果做的是基金定投，那么需要定期对持仓组合进行调仓，包括部分止盈。** 关于这部分的具体操作方法，我们将在基金定投章节详述。

掘金海外市场

刚才提到的基金都是投资于国内A股市场，你如果看好海外股票市场，又该如何参与呢？当然，你可以在富途证券、老虎证券这样的券商开户投资港股或美股。不过，开户流程比较烦琐，并且对资金量有一定要求，这对普通的个人投资者不太适合。更重要的是，如果没有对某只股票基本面的深入研究，那么买海外股票不如买基金。

普通的个人投资者该如何参与海外市场呢？最好的方式当然是购买QDII基金！

QDII，是合格境内机构投资者（Qualified Domestic Institutional Investor）的简称。QDII基金就是国内的人民币基金通过外汇兑换后，投资海外资本市场的基金。对国人来说，最重要的海外市场包括哪些？主要就是港股和美股。其他如欧洲、日本、印度和越南之类的市场，投资额非常小，不是主流。

港股及美股市场

港股市场是以机构为主的股票市场。中信证券的统计显示，截止到2020年7月份，个人投资者交易量占比为16.3%，而机构的交易量占比为83.7%。[①]在港股的机构投资者中，外资占主导，比如英国和美国机构；但近些年，随着港股通的运行，中资机构的影响力与日俱增。

在上市公司方面，目前港股中市值排名靠前的基本都是中资企业，

---

① 《中信证券：穿透海量数据 看港股投资者结构之变》，2020年7月。

尤其是互联网科技和金融公司（见图5-34）。

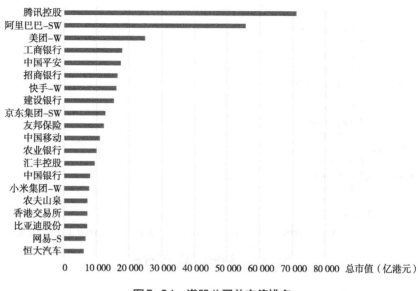

图5-34 港股公司总市值排名

注：数据截至2021年2月19日。

美国的股票市场也是以机构投资者为主的，其占比约70%，个人投资者占比约30%；海外投资者在美股中占比约15%。[①]过去20年，美国股市中最亮眼的要数科技类公司（见图5-35），包括苹果、微软、亚马逊、谷歌、脸书、奈飞、特斯拉等一系列知名公司。尤其是自2009年以来，美国股市持续了长达11年的史诗级牛市，吸引了全世界一大批资金投资美股市场。

目前市场上规模较大的QDII基金如表5-17所示。

---

① 数据截至2019年年末。

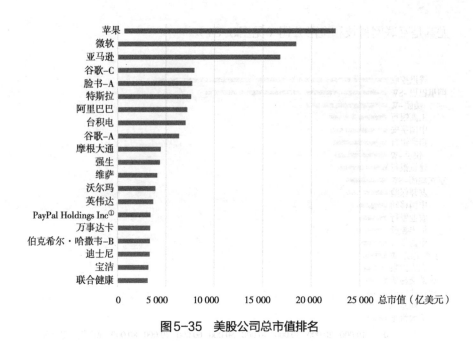

图5-35　美股公司总市值排名

注：数据截至2021年2月18日。

表5-17　市场规模较大的QDII基金

代码	基金名称	投资市场	跟踪指数	资产净值（亿元）
510900	易方达恒生国企ETF（QDII）	港股	恒生中国企业指数	99.64
159920	华夏恒生ETF（QDII）	港股	恒生指数	88.25
513300	华夏纳斯达克100ETF（QDII）	美股	纳斯达克100指数	76.10
513330	华夏恒生互联网科技业ETF（QDII）	港股	恒生互联网科技业指数	75.57
513050	易方达中证海外中国互联网50（QDII-ETF）	海外中概股	中证海外中国互联网50指数	55.41

---

① PayPal Holdings Inc是一家技术平台公司，其平台可确保消费者和商家之间的数字与移动支付。——编者注

（续表）

代码	基金名称	投资市场	跟踪指数	资产净值（亿元）
377016	上投摩根亚太优势混合（QDII）	亚太股市	摩根士丹利综合亚太指数（不含日本）	43.31
070012	嘉实海外中国股票混合（QDII）	海外中概股	MSCI中国指数	41.69
162411	华宝标普油气上游股票（QDII-LOF）人民币A	油气	标普石油天然气上游股票指数	36.00
001481	华宝标普油气上游股票（QDII）美元A	油气	标普石油天然气上游股票指数	36.00
000041	华夏全球股票（QDII）	全球	摩根士丹利资本国际全球指数	35.89
100061	富国中国中小盘混合（QDII）人民币	港股	—	35.45
010591	富国中国中小盘混合（QDII）美元	港股	—	35.45
202801	南方全球精选配置（QDII-FOF）	全球	—	29.26
006381	华夏恒生ETF联接（QDII）C	港股	恒生指数	26.37
000076	华夏恒生ETF联接现钞（QDII）	港股	恒生指数	26.37
000075	华夏恒生ETF联接现汇（QDII）	港股	恒生指数	26.37
000071	华夏恒生ETF联接（QDII）A	港股	恒生指数	26.37
513500	博时标普500ETF（QDII）	美股	标普500指数	25.84
270023	广发全球精选股票（QDII）	全球	—	23.84
000906	广发全球精选股票美元现汇（QDII）	全球	—	23.84
270042	广发纳斯达克100指数（QDII）A	美股	纳斯达克100指数	23.47
000055	广发纳斯达克100指数美元现汇（QDII）A	美股	纳斯达克100指数	23.47
001668	汇添富全球互联混合（QDII）	全球	—	21.83

注："华夏纳斯达克100ETF（QDII）"的规模数据截至2021年2月1日，"华夏恒生互联网科技业ETF（QDII）"的规模数据截至2021年1月26日，其他规模数据截至2020年年末。

【小贴士：QDII基金的申购赎回时间】

由于QDII基金投资于海外市场，因此其证券交易受到所投资地股票市场的节假日影响。同时，由于基金公司身在国内，它们在国内节假日期间也会休息。所以，QDII基金申购与赎回的申请周期，会比投资于国内A股市场的基金慢一点。比如，投资美股的QDII基金，申购与赎回申请同时受到中美两国节假日的影响。

延伸阅读

投资港股一定要买QDII基金吗？

随着港股通的开放，国内很多主要投资于A股的基金，也能通过港股通购买部分港股。截至2020年年底，港股通成分股超过500只，其中包括腾讯、美团、小米、农夫山泉、海底捞等知名企业的股票。当然，港股在这类基金中的具体投资比例，要遵从基金招募说明书中的规定，同时也要看基金经理的投资选择。

以景顺长城基金旗下的景顺长城绩优成长混合（代码：007412）为例，其最新的招募说明书中"基金的投资"章节指出："投资组合比例：股票投资占基金资产的比例范围为60%~95%，其中……投资于港股通标的的股票比例不超过股票资产的50%。"

也就是说，这只基金最多能持仓50%的港股。其2020年四季度末的定期报告显示，港股通股票占到基金资产的38.86%，已经超过了三分之一。买这只基金，就相当于部分参与了港股市场。

如何确定一只基金能否投资港股通标的？第一个方法是查看最新的招募说明书；第二个方法是，看基金的持仓明细，如果其中包含港股通股票，则这只基金一定可以投资港股。

选基金的速成大法

有人问："龙叔，你上面说的选基金方法，虽然甚好，但还是稍显烦琐，我没有太多时间去做研究。有没有速成的方法，让我快速选基金？"

你既然没有太多时间去研究挑选基金，那就直接抄作业吧：选那些被专业基金评价机构推荐的基金或基金经理。

市场上有一些基金评价机构，专门对基金或基金经理进行评价，并定期颁发一些奖项。我们如果想速成，那就根据这些评价或奖项，选出合意的基金即可。

目前市面上对基金的评价，分为两个维度：第一个维度是基金产品维度，第二个是基金经理维度。

基金产品维度

晨星基金评级

对基金产品进行评价，要么是对市场上大部分基金进行评分，要么是从海量基金中选出优质基金，并颁发一定奖项。

在基金评级方面，全球最知名的机构是晨星。晨星是全球最早从事基金评级的机构之一，在全世界具备良好的声誉，并且很早就进入国内市场。除此之外，国际上还有理柏（Lipper）、S&P Micropal等基金评级机构。在国内市场方面，银河证券基金研究中心、中信证券基金评级机构、天相基金评级机构等，具有较强的市场影响力。其中，银河证券基金研究中心最早开展基金评级业务，2001年就推出基金排行榜。中信证券从2003年开始进行基金评级工作。不过，银河和中信的基金评级都是在证券公司下属部门运营的，并不独立，而天相基金评级则是独立的基金评级机构。

晨星、银河、中信这三家的基金评级体系大同小异，都是从收益评价指标、风险评价指标、风险调整后收益指标这三项来综合考虑，以业绩评价为主，兼顾风险特征。同时，这三家都采用星级评价，分为一星级到五星级，最高等级为五星级。

五星评级的基金并不是说明其历史业绩一定不亏钱，因为基金评级都是根据其相对业绩而得出的，即这只基金的业绩与其业绩比较基准做对比。如果业绩比较基准下跌了50%，而这只基金价格只下跌了10%，说明这只基金的相对超额收益为40%，表现非常优秀。

我们以晨星的评级方法为例。在给予某类基金三年评级时，晨星会根据各基金截至当月末的过去36个月的回报率，计算出晨星风险调整后收益。各基金按照晨星风险调整后收益由大到小排序：前10%被评为五星级，接下来的22.5%被评为四星级，中间的35%被评为三星级，随后的22.5%被评为二星级，最后的10%被评为一星级（见图5-36）。在具体确定每个星级的基金数量时，采用四舍五入的方法。

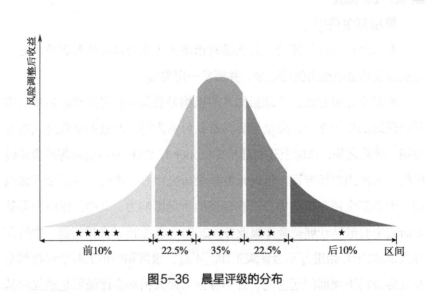

图5-36　晨星评级的分布

因此，只要某只基金能够在同类基金的风险调整后收益中排名前10%，就能评到五星级，即使它的收益有可能是负的。

　　在给基金评级时，所有基金都是在同类基金中进行比较的，否则就失去了公正性。以晨星为例，基金的业绩观察周期可以分为三年期和五年期评级。三年期晨星评级，要看这只基金过去三年的业绩表现，而五年期晨星评级则要看其过去五年的业绩表现。因此，五年期评级的含金量更高，更能反映一只基金的持续赢利能力。另外，成立时间不超过三年的基金，是无法参与晨星评级的。

　　那么，我们在哪儿查看晨星的基金评级呢？登录晨星中国的官网（www.morningstar.cn），即可查看国内大部分基金的三年期和五年期评级。

 实　例

晨星的部分星级基金产品

　　登录晨星中国的官网，在"基金工具"—"基金筛选器"菜单栏下，可以查询某个基金产品的评级。

　　表5-18是晨星的部分星级基金产品。

表5-18　晨星的部分星级基金产品

代码	基金名称	基金分类	基金经理	五年评级	三年评级
180012	银华富裕主题混合	积极配置型	焦巍	五星级	五星级
162605	景顺长城鼎益混合（LOF）	积极配置型	刘彦春	五星级	五星级
260108	景顺长城新兴成长混合	积极配置型	刘彦春	五星级	五星级
110011	易方达中小盘混合	积极配置型	张坤	五星级	五星级
001938	中欧时代先锋股票A	普通股票型	周应波	五星级	五星级
000294	华安生态优先混合	积极配置型	陈媛	五星级	五星级
000751	嘉实新兴产业股票	普通股票型	归凯	五星级	五星级

（续表）

代码	基金名称	基金分类	基金经理	五年评级	三年评级
001104	华安新丝路主题股票	普通股票型	谢昌旭	五星级	五星级
001410	信达澳银新能源产业股票	普通股票型	冯明远	五星级	五星级
161903	万家行业优选混合（LOF）	积极配置型	黄兴亮	五星级	五星级
100020	富国天益价值混合A	积极配置型	唐颐恒	五星级	五星级
570001	诺德价值优势混合	积极配置型	罗世锋	五星级	五星级
570008	诺德周期策略混合	积极配置型	罗世锋	五星级	五星级
000991	工银瑞信战略转型主题股票A	普通股票型	杜洋	五星级	五星级
519714	交银施罗德消费新驱动股票	普通股票型	韩威俊	五星级	五星级
001714	工银瑞信文体产业股票A	普通股票型	袁芳	五星级	五星级
519736	交银新成长混合	积极配置型	王崇	四星级	五星级
200012	长城中小盘成长混合	积极配置型	何以广	四星级	五星级
000527	南方新优享灵活配置混合A	积极配置型	章晖	四星级	五星级
162703	广发小盘成长混合（LOF）A	积极配置型	刘格菘	五星级	五星级
001766	上投摩根医疗健康股票	行业股票－医药	方钰涵	五星级	五星级
001054	工银新金融股票	普通股票型	鄢耀	五星级	五星级
020005	国泰金马稳健混合	积极配置型	李恒	三星级	五星级
001985	富国低碳新经济混合A	积极配置型	杨栋	四星级	五星级
000746	招商行业精选股票	普通股票型	贾成东	五星级	五星级
162203	泰达宏利稳定混合	积极配置型	张勋等	五星级	五星级
400025	东方新兴成长混合	积极配置型	王然	五星级	五星级
519732	交银定期支付双息平衡混合	标准混合型	杨浩	五星级	五星级
690007	民生加银景气行业混合A	积极配置型	王亮	五星级	五星级
519710	交银施罗德策略回报灵活配置混合	积极配置型	韩威俊	三星级	五星级
660010	农银策略精选混合	积极配置型	张峰	四星级	五星级
519091	新华泛资源优势混合	积极配置型	栾超	四星级	五星级

（续表）

代码	基金名称	基金分类	基金经理	五年评级	三年评级
166006	中欧行业成长混合（LOF）-A	积极配置型	王培	四星级	五星级
070018	嘉实回报混合	标准混合型	常蓁	五星级	五星级
020023	国泰事件驱动策略混合	积极配置型	林小聪	四星级	五星级
519688	交银精选混合	积极配置型	王崇	四星级	五星级
001043	工银美丽城镇主题股票A	普通股票型	王君正	五星级	五星级
000418	景顺长城成长之星	普通股票型	周寒颖等	五星级	五星级
000634	富国天盛灵活配置混合	积极配置型	肖威兵	四星级	五星级
399011	中海医疗保健主题股票	行业股票-医药	刘俊	四星级	五星级
070032	嘉实优化红利混合	积极配置型	常蓁	五星级	五星级
001473	建信大安全战略精选股票	普通股票型	王东杰	五星级	五星级
000532	景顺长城优势企业混合	积极配置型	江科宏	五星级	五星级
270050	广发新经济混合A	积极配置型	邱璟旻	四星级	五星级
519002	华安安信消费混合	积极配置型	王斌	五星级	五星级
040011	华安核心混合	积极配置型	盛骅等	五星级	五星级
519704	交银先进制造混合	积极配置型	刘鹏	五星级	五星级
001705	泓德战略转型股票	普通股票型	秦毅	五星级	五星级
163406	兴全合润混合	积极配置型	谢治宇	四星级	五星级

注：数据来源于晨星中国官网，截至2020年年底。

　　除此之外，晨星还会每年颁发年度基金奖，即通过对基金收益、风险、费用和管理团队等因素的考察，评选出每类基金的最佳管理奖项。以2020年为例，晨星从2 351只公募基金中，筛选出了5只获奖基金（见表5-19）。

表5-19　晨星2020年年度基金奖

基金奖项	获奖	提名
激进配置型	易方达中小盘混合	中欧明睿新常态混合 中欧行业成长混合（LOF） 华安宏利混合 景顺长城新兴成长混合
混合型	南方优选成长混合	交银定期支付双息平衡混合
激进债券型	博时信用债券	易方达裕丰回报债券
普通债券型	鹏华产业债债券	招商产业债债券
纯债型	富国信用债债券	易方达纯债债券

【小贴士：晨星的基金分类标准】

晨星在对基金评级时，首先会对它进行分类。只有在同一分类下，才能比较基金的优劣。我们通过晨星评级对基金的具体分类，大致就能知道其风险大小。截至2020年年底，晨星对国内公募基金的最新分类标准（部分）如表5-20所示。

表5-20　晨星的基金分类

大类	晨星分类	说明
股票型基金	股票型	主要投资于股票类资产的基金。一般地，其股票类投资占资产净值的比例≥70%
	行业股票-医药	主要投资于医药、医疗及健康护理公司的股票。其中大部分投资于系列医药及医疗仪器生产商，亦有小部分基金集中投资于单一业务，例如医疗仪器或生物科技公司。一般地，其股票类投资占资产净值的比例≥70%，且不少于50%的股票资产投资于上述行业的股票
	行业股票-科技、传媒及通信	主要投资于硬件及软件公司、不同的传媒及通信公司的基金。其中大部分偏重于投资有关电脑、半导体、软件、网络、互联网、有线电视、无线通信、通信设备及传统电话公司。亦有一些基金可能集中投资于单一业务。一般地，其股票类投资占资产净值的比例≥70%，且不少于50%的股票资产投资于上述行业的股票

（续表）

大类	晨星分类	说明
混合型基金	基金配置型	投资于股票、债券以及货币市场工具的基金，且不符合股票型基金和债券型基金的分类标准；其股票类资产占资产净值的比例 ≥70%
	标准混合型	投资于股票、债券以及货币市场工具的基金，且不符合股票型基金和债券型基金的分类标准；其股票类投资占资产净值的比例 <70%，其固定收益类资产占资产净值的比例<50%
	保守混合型	投资于股票、债券以及货币市场工具的基金，且不符合股票型基金和债券型基金的分类标准；其固定收益类资产占资产净值的比例≥50%
	灵活配置型	投资于股票、债券以及货币市场工具，且在各资产类别配置上比较灵活的基金
可转债基金	可转债基金	主要投资于可转换公司债券（包括可分离交易可转债）的基金，其投资于股票和权证等权益类资产的比例不高于基金资产的20%
债券型基金	激进债券型	主要投资于债券的基金，其债券投资占资产净值的比例≥70%，纯股票投资占资产净值的比例不超过20%；其股票类资产占资产净值的比例≥10%
	普通债券型	主要投资于债券的基金，其债券投资占资产净值的比例≥70%，纯股票投资占资产净值的比例不超过20%；其股票类资产占资产净值的比例<10%，且不符合短债基金的分类标准
	纯债基金	主要投资于债券的基金，其债券投资占资产净值的比例≥70%，不投资于权益类资产或可转换公司债券（可分离交易可转债的纯债部分除外），且不符合短债基金的分类标准
	短债基金	主要投资于债券的基金，仅投资于固定收益类金融工具，且组合久期不超过三年

金牛奖

业界最负盛名的基金奖项是金牛奖，它由中国证券报社主办，银河证券、天相投顾、招商证券、海通证券和上海证券等五家机构协办。该奖项在基金行业和基金监管层具有广泛的认可度，享有中国基金业"奥斯卡"奖的美誉，是中国资本市场最具公信力的权威奖项之一。金牛奖主要分为基金公司奖项、基金产品奖项两大类。

对于基金产品而言，金牛奖根据产品类型、业绩考察期限两个维度评定奖项。产品类型主要分为股票基金、混合基金、债券基金、指数基金等。业绩考察期限主要分为三年期、五年期、七年期。期限越长，说明产品经受了更多时间的考验，其含金量更高。因此，七年期金牛奖比同类型的三年期、五年期金牛奖含金量更高，难度也更大。表5-21是2020年金牛奖部分获奖基金。

表5-21　第十七届（2020年）中国基金业金牛奖部分获奖产品

获奖类型	基金名称	
七年期股票型基金	易方达消费行业股票	申万菱信量化小盘股票（LOF）
	汇丰晋信大盘股票	—
五年期股票型基金	嘉实新兴产业股票	鹏华养老产业股票
	安信价值精选股票	国富中下盘股票
七年期混合型基金	交银优势行业混合	华安逆向策略混合
	南方优选成长混合	汇添富价值精选混合
	兴全趋势投资混合（LOF）	诺德成长优势混合
	宝盈核心优势混合	华泰柏瑞价值增长混合
	银华中下盘精选混合	中欧新蓝筹混合
五年期混合型基金	交银新成长混合	东方红产业升级混合
	易方达中下盘混合	汇添富蓝筹稳健混合
	兴全轻资产混合（LOF）	民生加银策略精选混合
	万家行业优选混合（LOF）	海富通阿尔法对冲混合
	华商优势行业混合	国富弹性市值混合
	新华行业轮换混合	嘉实泰和混合
七年期债券型基金	博时信用债纯债债券	国投瑞银优化增强债券
	招商产业债券	建信双息红利债券

（续表）

获奖类型	基金名称	
五年期债券型基金	大摩添利18个月开放债券	工银瑞信双利债券
	南方通利债券	天弘永利债券
	鹏华丰融当期开放债券	—

除了金牛奖，证券时报主办的明星基金奖、上海证券报主办的金基金奖也是行业公认的颇具影响力的基金奖项，这些都可以作为参考。

【小贴士：查询金牛奖的官网】

你可以登录http://www.cs.com.cn/jnj/jnjj/查看每年的金牛奖名单。金牛奖每年颁发一次，结果大约在每年的3月份公布。

基金经理维度

刚才提到的都是从基金产品维度来评价某只基金好不好，这种方法的缺陷是：基金产品的业绩和基金经理的投研能力密切相关，如果某只基金换了基金经理，可能会对基金的投资风格造成重大影响。因此，如果直接对基金经理进行评价，岂不是更好？

实际上，个人投资者挑选基金，大部分都是冲着明星基金经理去的！

由中国基金报推出的英华奖，正是针对基金经理评选的奖项。我们常说"选基金就是选基金经理"，英华奖正好弥补了之前奖项的缺憾。

表5-22列出了2020年第七届英华奖的部分获奖基金经理。英华奖同金牛奖一样按照产品类型和业绩考察期限两个维度分类，期限越长，含金量越高。

表5-22　2020年第七届英华奖部分奖项

奖项名称	基金经理	基金公司	基金经理	基金公司
三年期股票投资最佳基金经理	李进	宝盈基金	杨浩	交银施罗德基金
	杨栋	富国基金	刘彦春	景顺长城基金
	赵蓓	工银瑞信基金	赵伟	农银汇理基金
	刘格菘	广发基金	陈璇淼	鹏华基金
	邱璟旻	广发基金	邹曦	融通基金
	黄峰	海富通基金	冯明远	信达澳银基金
	胡宜斌	华安基金	李佳存	招商基金
	胡昕炜	汇添富基金	葛兰	中欧基金
	归凯	嘉实基金	周应波	中欧基金
	郭斐	交银施罗德基金	国晓雯	中邮基金
五年期股票投资最佳基金经理	魏庆国	大成基金	孙伟	民生加银基金
	李元博	富国基金	章晖	南方基金
	程洲	国泰基金	邱杰	前海开源基金
	崔莹	华安基金	曲扬	前海开源基金
	雷鸣	汇添富基金	谢治宇	兴证全球基金
	沈楠	交银施罗德基金	萧楠	易方达基金
	王崇	交银施罗德基金	张坤	易方达基金
	刘彦春	景顺长城基金	—	—
十年期股票投资最佳基金经理	傅鹏博	睿远基金	—	—
三年期纯债投资最佳基金经理	黄纪亮	富国基金	刘涛	鹏华基金
	李邦长	华安基金	祝松	鹏华基金
	罗远航	华泰柏瑞基金	章潇枫	浦银安盛基金
	张挺	华泰保兴基金	张一格	融通基金
	杜才超	南方基金	蒋利娟	泰康资产
	李振宇	鹏华基金	杨逸君	兴业基金
	刘万锋	招商基金	—	—

（续表）

奖项名称	基金经理	基金公司	基金经理	基金公司
五年期纯债投资最佳基金经理	陈凯杨	博时基金	张文平	平安基金
	黄纪亮	富国基金	李一硕	易方达基金
	代宇	广发基金	王晓晨	易方达基金
	李轶	摩根士丹利华鑫基金	邹维娜	银华基金
	张雪	摩根士丹利华鑫基金	刘万锋	招商基金
	祝松	鹏华基金	马龙	招商基金
	闫沛贤	中加基金	—	—
三年期二级债投资最佳基金经理	张芊	广发基金	胡剑	易方达基金
	李倩	泓德基金	张清华	易方达基金
五年期二级债投资最佳基金经理	过钧	博时基金	刘太阳	鹏华基金
	何秀红	工银瑞信基金	姚秋	新华基金
	欧阳凯等	工银瑞信基金	胡剑	易方达基金
	张芊	广发基金	张清华	易方达基金
	李轶	摩根士丹利华鑫基金	陈玮	中银基金

 延伸阅读

选明星基金或明星基金经理靠谱吗？

　　笔者上面提到的选基金速成大法，其实就是抄作业：参照专业的基金评价机构给出的基金评级或颁发的奖项来挑选基金或明星基金经理。

　　那么，直接根据这份名单来挑选明星基金，或选择明星基金经理管理的产品，是否靠谱？

　　我们还是以数据来说话。

　　以业界知名的金牛奖为例，我们来看看第十三届金牛奖的"五

年期开放式混合型持续优胜金牛基金"的名单（见表5-23）。这是
五年期的业绩，2011—2015年，获奖名单中的基金业绩表现优秀。

表5-23　第十三届金牛奖"五年期开放式混合型持续优胜金牛基金"名单

代码	基金名称	代码	基金名称
470009	汇添富民营活力混合A	163406	兴全合润混合（LOF）
519674	银河创新成长混合	240017	华宝新兴产业混合
213006	宝盈核心优势混合A	100016	富国天源沪港深平衡混合
213008	宝盈资源优选混合	519670	银河行业混合
070001	嘉实成长收益混合A	519069	汇添富价值精选混合A
270025	广发行业领先混合A	519095	新华行业周期轮换混合
660005	农银中小盘混合	519983	长信量化先锋混合A
166002	中欧新蓝筹混合A	—	—

数据来源：中国证券报官网（http://www.cs.com.cn/）。

　　2016年年初，我们买入这15只获奖基金，每只分配相同金额
的资金。到2020年年末，我们持有了5年时间。2016—2020年，经
历了两轮牛熊周期，应该能够客观反映基金的投资业绩。

　　那么到2020年年末，我们的金牛奖基金组合的收益如何呢？

　　事实是，"15只金牛奖基金"组合，累计回报84.3%，复合年
化收益率13.00%。而同期中证混合基金（代码：H11022）指数的
累计回报67.8%，复合年化收益率10.91%。沪深300全收益指数累
计回报67.4%，复合年化收益率10.86%。从年化收益率来看，金牛
奖基金组合虽然比中证混合基金指数高出2.09%，但也不算很突出
（见图5-37、表5-24）。

图5-37 15只金牛奖基金组合的累计回报（2016—2020年）

表5-24 15只金牛奖基金组合的回报与中证混合基金指数、沪深300全收益指数的比较

序号	代码	基金名称	累计回报（%）	年化收益率（%）
1	470009	汇添富民营活力混合A	79.0	12.3
2	163406	兴全合润混合（LOF）	172.0	22.2
3	519674	银河创新成长混合	139.9	19.1
4	240017	华宝新兴产业混合	64.4	10.5
5	213006	宝盈核心优势混合A	73.4	11.6
6	100016	富国天源沪港深平衡混合	70.8	11.3
7	213008	宝盈资源优选混合	16.6	3.1
8	519670	银河行业混合	89.7	13.7
9	070001	嘉实成长收益混合A	63.3	10.3
10	519069	汇添富价值精选混合A	132.9	18.4
11	270025	广发行业领先混合A	28.8	5.2
12	519095	新华行业周期轮换混合	96.2	14.4

（续表）

序号	代码	基金名称	累计回报（%）	年化收益率（%）
13	660005	农银中小盘混合	74.1	11.7
14	519983	长信量化先锋混合A	32.1	5.7
15	166002	中欧新蓝筹混合A	130.7	18.2
16	—	15只金牛基金组合	84.3	13.0
17	H00300	沪深300全收益指数	67.4	10.86
18	H11022	中证混合基金指数	67.8	10.91

注：业绩考核时间为2016—2020年，累计回报使用复权单位净值计算。

除了兴全合润混合（LOF）、银河创新成长混合、汇添富价值精选混合A和中欧新蓝筹混合A的业绩继续表现抢眼外，其他获奖基金的表现并未异常突出。

所以，投资明星基金或明星基金经理，并不是一劳永逸的方法，只是给你一个速成挑选的参考而已。千万别将其当成了大力丸，一吃就灵。笔者的目的在于告诉你如何优中选优，而基金评级和基金奖项只是我们考虑的一个因素而已。

第六章

如何选择债券基金

相比于股票类基金，债券基金的预期收益并不高，但风险较低。例如，纯债基金很少出现年度级别的亏损。因此，债券基金主要适用于保守型投资者，比如很多退休老人。那是不是对年轻人而言，债券基金就毫无吸引力了呢？当然不是！首先，很多时候我们做的是家庭资产配置，并不是把所有的储蓄都买股票类基金，那样波动太大。最常见的方式是，一部分买进攻型的股票类基金，还有一部分买防守型的债券基金，并且根据市场行情，自主调节比例。其次，债券基金中的二级债基，能够配置不超过20%的股票，属于收益增强型产品，也能获得非常不错的收益。因此，了解如何选择债券基金，还是非常有必要的。

了解几种债券基金

前面章节我们讲到债券基金也细分为好几个品种：纯债基金、混合债基以及转债基金。

顾名思义，纯债基金里面都是债券，没有股票。所以，纯债基金的风险是最低的，几乎不会出现年度级别亏损，但预期收益也不会太高（见图6-1）。

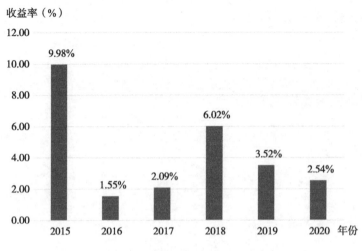

图6-1　纯债基金指数收益率（2015—2020年）

　　纯债基金还可以进一步细分为长期纯债基金和中短期纯债基金。这两者有何区别呢？长期纯债基金以配置长期债券为主，而中短期纯债基金以配置中短期债券为主。一只债券的期限越长，意味着利率波动对其价格的影响越大。同样是市场0.1%的利率波动，一只剩余期限为10年的债券，其价格波动幅度大约是1年期债券的8倍。可以简单理解为：长期纯债基金的收益波动幅度大，中短期纯债基金的收益波动幅度小。如果你押注金融市场利率会继续下行，那么买长期纯债基金是更好的选择。

实　例

不同类型的纯债基金

　　广发基金旗下的广发汇择一年定期开放债券是一款定期开放式的长期纯债基金，每年开放一次。其中A类份额代码为008606，C类份额代码为008607。

鹏华稳利短债是鹏华基金旗下的一款短债基金。其中A类份额代码为007515，C类份额代码为007956。

【小贴士】

是不是长债基金里面就一定要以配置长债为主？并不是的。根据基金经理对市场的判断，如果他觉得当前利率风险太大，他就可能会将大部分仓位移到短期债券上，这是合理操作。而短债基金，一般都是以配置短期债券为主。

混合债基就比较有意思了：它里面可以投资少部分股票，以增强收益。混合债基又可以细分为一级债基和二级债基。一级债基除了投资债券，还可以参与股票IPO打新，不过后来监管禁止一级债基股票打新，因此一级债基的股票，主要通过购买可转债并进行转股得来。二级债基不超过20%的资产可以投资二级市场股票，当然可转债也是可以投资的。想投资一点股票，但是又承担不了太大风险的朋友，可以试试二级债基。

 实 例

一级债基与二级债基

招商基金旗下的招商产业债券属于一级债基，基金经理马龙。其中A类份额代码为217022，C类份额代码为001868。这只基金不能参与股票二级市场，也不能参与股票打新，只能买可转债。截至2020年年末，这只基金的股票持仓为0%，退化为纯债基金了（附加可以投资可转债）。

易方达裕丰回报债券（代码：000171）是易方达基金旗下的一只二级债基，基金经理张清华。该基金自成立以来每年的收益率如图6-2所示。

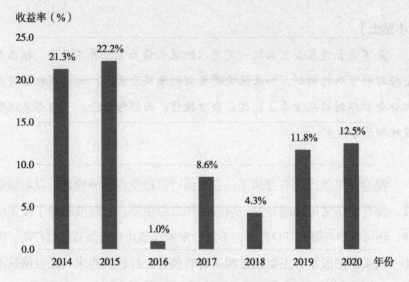

图6-2　易方达裕丰回报债券的历年收益率（2014—2020年）

我们可以看到，只要学会挑选二级债基，亏钱的可能性就很小，而且在股市牛市中还可以增强收益。

还有一种特殊类型的债券基金：转债基金。它是主要投资于可转债、可交换债的基金。因为可转债具有部分权益属性，所以上涨空间较大，同时由于其债券属性，下跌空间有限。

有些朋友可能对可转债有些陌生，我们举个实际的例子，大家自然就明白了。

实 例

新希望的可转债

新希望六和股份有限公司（代码：000876）是一家从事农牧产业的上市公司。公司于2020年年初发行了一只可转债：希望转债（代码：127015.SZ）。债券的基本要素如表6-1所示。

表6-1　希望转债的要素明细

债券简称	希望转债
债券代码	127015.SZ
起息日	2020-01-03
到期日	2026-01-03
期限（年）	6
票面利率	第一年0.20%、第二年0.40%、第三年0.80%、第四年1.20%、第五年1.60%、第六年2.00%。

上面的这些要素和普通债券并无二致（除了阶梯式票面利率）。可转债的核心条款在于，从债券起息日满6个月之后（2020-07-03）至到期日，持有人可以把手中的可转债，以预先设定好的价格，转成上市公司的股票（新希望，000876）。

希望转债的转股价格是19.78元/股。也就是说，每100元面值的可转债，在转股期，可以转股100/19.78=5.06股新希望股票（代码：000876）。因此，只要新希望的价格高于转股价19.78元，转股就能挣钱；低于这个价格，转股肯定亏钱，不如一直拿着债，最坏的结果就是一直持有至到期，还本付息。

当然，可转债的发行人也不笨。如果公司的股价持续上涨，那么可转债持有人岂不赚得盆满钵满？因此，可转债的发行条款中，基本都会包含"有条件赎回条款":当公司股票连续30个交易日中至少有15个交易日的收盘价不低于转股价格的130%,则公司有权将未转股的可转债,以面值加应计利息作为价格,强行赎回。如果你是可转债投资人,那么在这种情况下你会怎么做?肯定转股!因此,可转债的价格,一般是上有顶的,130元以上就有部分投机的成分了。

那为什么市场上还有大量价格超过130元的可转债呢?第一种情况,有些可转债还未到转股期(一般上市后不满6个月),而正股价格已经上涨较多;第二种情况,虽然已经触发了有条件赎回条款,但是公司发布公告,在未来一段时期内不行使赎回权;第三种情况,很多散户参与投机炒作,由于可转债是T+0交易且不设涨跌停限制,所以投机氛围浓厚。

可转债的价格波动远大于普通债券。由于T+0交易且不设涨跌停限制,某种程度上它的价格波动比股票还要大。因此,转债基金的收益波动比二级债基要大。我并不推荐转债基金,主要是因为市场上的存量可转债加起来也就400只左右,而股票则有4 000多只(如果包含港股通,总数超过45 00只)。因此,转债基金的可投标的较少,限制了基金经理投资能力的发挥。

 实 例

转债基金

汇添富基金旗下有一款转债基金:汇添富可转换债券。其中A

类份额代码为470058，C类份额代码为470059。根据基金招募说明书，该基金投资于固定收益类资产的比例不低于80%，其中投资于可转债的不低于固定收益资产的80%。其过去几年的回报如图6-3所示。

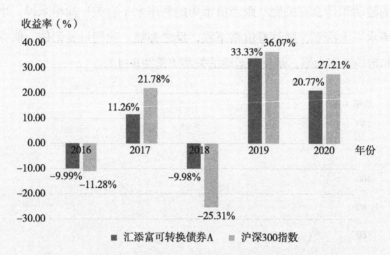

图6-3 汇添富可转换债券A的历年收益率（2016—2020年）

债券基金的收益从何而来

在投资债券基金之前，有必要搞清楚一个问题：债券基金的收益从何而来？只有弄清了这个问题，我们才能知道什么时候买基金、什么时候卖基金。

股票类基金的收益来源非常好理解：源于持仓股票的价格上涨。大部分散户都有直接炒股的经历，因此对股票类基金的收益来源有直观感受。但是，绝大部分人都没有直接买过债券，或者只买过柜台债券，对债券收益没有直观感受。

债券的投资收益来源于两部分。第一部分是债券本身的利息收入，例如一只3年期债券，票面利率是4%，则每年就有4%的利息收入。当然，在实际投资中，基金经理在债券二级市场买入的债券，其价格不一定是100元，有溢价或折价买入，因此实际的债券利息收入用专业的说法是到期收益率。第二部分是债券价格的波动，类似于股价波动。债券价格的波动和什么有关呢？跟当前市场的利率水平有关！简单来说，市场利率水平上涨了，则债券价格下跌，反之亦然。我们只要记住，债券价格和市场利率水平，是反向运动的关系（见图6-4）。

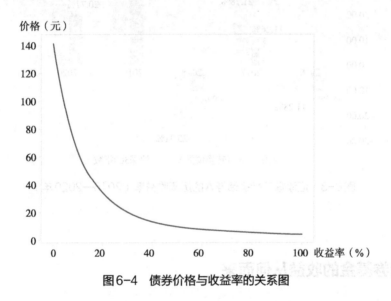

图6-4　债券价格与收益率的关系图

问题是，当前市场的利率水平，普通人从何得知？一个简单的方法，就是关注债券市场的基准利率：无风险利率，即国债或国开债收益率。国债是由国家财政部发行的，而国开债是由国家开发银行发行的，都属于无风险利率债。有很多财经新闻，每天都会跟踪1年期、3年期、10年期国债（国开债）的收益率水平。具体到债券基金，除了上述的利息收入和价差收入，还有第三部分：加杠杆的超额收益（见图6-5）。债券基金的持仓都是债券，可以在市场上将债券质押出去，做一笔债券回购，融入资金，再将融入的资金买入债券；只要融入的债券的投资收益高于融资成本，就能赚取超额收益。当然，杠杆是把双刃剑，牛市中加杠杆，能够获得超额收益；熊市中加杠杆，亏损更多。

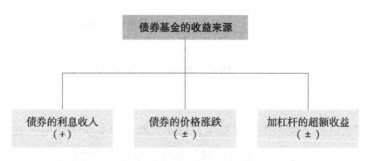

图6-5　债券基金的收益来源

注："+"代表正收益，"±"代表有可能赢利，也可能亏损。

债券基金的基金经理的主要工作，就是从上面这三个部分下手：第一，寻找在风险可控前提下，收益率更高的债券；第二，判断未来市场的利率走势，高抛低吸；第三，合理利用杠杆，获得超额收益。

选基五步法

其实，挑选债券基金的方法，与上一章讲的挑选股票类基金的方法，大同小异，无非还是从自己的投资目标及风险偏好、基金风格、基金公司、基金经理、历史业绩、买入时点等维度综合分析。所以，这里我们主要讲与挑选股票类基金不同的地方，作为补充。

关于投资目标和风险偏好

既然选择了债券基金，那我们想要的肯定是稳健。根据不同的细分类型，我们可以把这些子类型排排坐。记住：风险（波动）越大，预期收益越高（见图6-6）。

图6-6　不同债券基金的收益及风险大小

那么这些子类型的债券基金，每年大概能有多少的预期收益呢？我们统计了2016—2020年这5年间每年投资收益率的中位数（见表6-2）。为使得中位数更具代表性，在统计中我们剔除了规模在2亿元以下、个人投资者比例小于5%的债券基金。

表6-2　各类型债券基金的年度收益率中位数（2016—2020年）　　　单位：%

年份	中短债基金	长债基金	一级债基	二级债基	转债基金
2016	2.57	2.24	1.09	−0.67	−9.99
2017	3.66	2.02	1.59	3.09	2.39
2018	4.61	7.36	6.49	−0.17	−7.52
2019	3.57	4.88	6.19	11.05	28.06
2020	2.86	3.07	4.42	10.03	19.49

注：（1）数据来源于Choice；（2）统计中剔除了规模在2亿元以下、个人投资者比例小于5%的债券基金。

我们可以看出，二级债基和转债基金跟股市表现关系密切：2019年及2020年股市牛市，两者业绩表现亮眼。而中短期债基、长债基金和一级债基，其业绩和债券市场息息相关：比如2018年是债券大牛市，因此它们都取得了很好的收益。

另外，长债基金持仓里的长期限债券占比较多，因此价格波动性更大：熊市（比如2017年）中业绩表现不如中短债基金，但牛市（比如

2018年）中收益更高。

关于基金经理

　　选股票基金就是选基金经理，债券基金亦复如是。我认为，股票投资和债券投资最大的区别在于：长期来看，股票投资着重于自下而上的个股精选，挑出伟大的公司，并陪伴成长（量化投资除外）；而债券投资更关注宏观经济的基本面，自上而下。所以，股票基金经理往往对公司和行业的研究非常深入，而债券基金经理对宏观基本面研究比较多。

　　我选取了部分任职年限长、投资业绩出众的基金经理，供大家参考。

过　钧

　　现任职于博时基金。2004年在华夏基金开始其基金经理生涯，2005年加入博时基金任职至今。其管理的博时信用债券A/B（代码：050011）二级债基（见图6-7），从2009年6月管理至2020年年末的11年多时间，累计回报2.47倍，年化收益率11.3%。

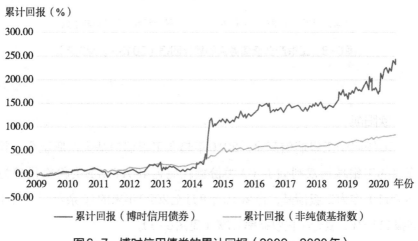

图6-7　博时信用债券的累计回报（2009—2020年）

何秀红

现任职于工银瑞信基金。2011年在工银瑞信开始其基金经理生涯。其管理的工银产业债债券（A类份额代码为000045，B类份额代码为000046）作为二级债基，从2013年3月至2020年末的7年多时间，累计回报80.4%，复合年化收益率7.9%（见图6-8）。

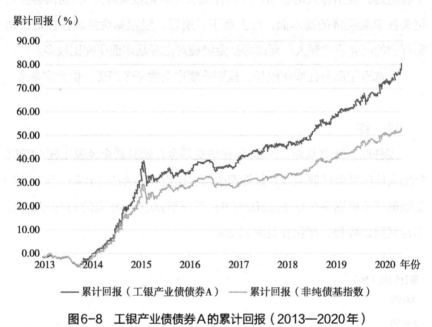

图6-8　工银产业债债券A的累计回报（2013—2020年）

欧阳凯

现任职于工银瑞信基金。2010年起在工银瑞信基金任职至今。其管理的工银瑞信双利债券（A类份额代码为485111，B类份额代码为485011）作为二级债基，自2010年8月至2020年末的10余年间，累计回报116.8%，复合年化收益率7.7%（见图6-9）。

图6-9 工银瑞信双利债券A的累计回报（2010—2020年）

张 芊

现任职于广发基金。2012年在广发基金开始其基金经理生涯。其管理的广发聚鑫债券（A类份额代码为000118，C类份额代码为000119）作为二级债基，从2013年7月至2020年的7年多时间，累计回报141.54%，复合年化收益率12.3%（见图6-10）。

图6-10 广发聚鑫债券A的累计回报（2013—2020年）

李　轶

现任职于摩根士丹利华鑫基金。从2008年起就在摩根士丹利华鑫基金开始其基金经理生涯。她管理的大摩多元收益债券（A类份额代码为233012，C类份额代码为233013）二级债基，从2012年8月至2020年末的8年多时间，累计回报105.01%，复合年化收益率9.0%（见图6-11）。

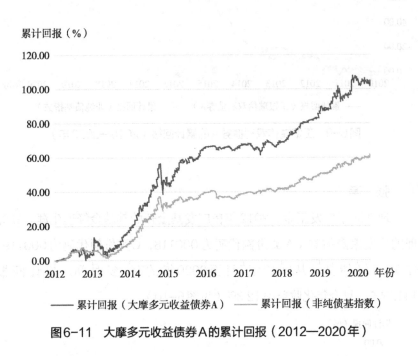

图6-11　大摩多元收益债券A的累计回报（2012—2020年）

姚　秋

现任职于新华基金。2014年在新华基金开始其基金经理生涯。旗下管理的新华增盈回报债券（代码：000973）二级债基，自2015年6月至2020年末的5年多时间里，累计回报49.13%，复合年化收益率7.45%（见图6-12）。

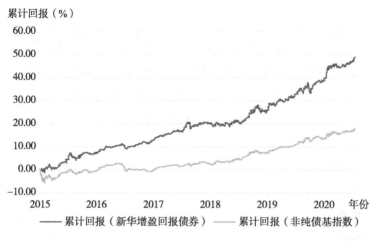

图6-12　新华增盈回报债券的累计回报（2015—2020年）

于泽雨

现任职于新华基金。2012年在新华基金开始其基金经理生涯。其管理的纯债基金新华安享惠金定期债券A（代码：519160），自2013年11月至2020年末的7年多时间里，累计回报76.1%，复合年化收益率8.2%（见图6-13）。

图6-13　新华安享惠金定期债券A的累计回报（2013—2020年）

胡 剑

现任职于易方达基金。2012年在易方达基金开始其基金经理生涯。其管理的易方达稳健收益债券二级债基（A类份额代码为110007，B类份额代码为110008），从2012年2月至2020年末的8年多时间，累计回报136%，复合年化收益率10.2%（见图6-14）。

图6-14　易方达稳健收益债券B的累计回报（2012—2020年）

张清华

现任职于易方达基金。从2013年开始任职基金经理。前期主要管理债券基金，后期开始也管理混合型基金。其管理的易方达安心回报债券二级债基（A类份额代码为110027，B类份额代码为110028），从2013年12月至2020年末的7年多时间，累计回报217.81%，复合年化收益率高达17.9%（见图6-15）。

图6-15　易方达安心回报债券A的累计回报（2013—2020年）

黄纪亮

现任职于富国基金。2013年在富国基金开始其基金经理生涯。其管理的纯债基金富国信用债债券（A/B类份额代码为000191，C类份额代码为000192），从2014年6月至2020年末的6年多时间，累计回报40.22%，复合年化收益率5.3%（见图6-16）。

图6-16　富国信用债债券A/B的累计回报（2014—2020年）

代 宇

现任职于广发基金。2011年任职基金经理至今。其管理的纯债基金广发双债添利债券（A类份额代码为270044，C类份额代码为270045），从2015年5月至2020年末的5年多时间，累计回报30.04%，复合年化收益率4.8%（见图6-17）。

图6-17　广发双债添利债券A的累计回报（2015—2020年）

张 雪

现任职于摩根士丹利华鑫基金。2014年开始基金经理生涯。其管理的大摩双利增强债券（A类份额代码为000024，C类份额代码为000025），是可以投资可转债的纯债基金。从2014年12月至2020年末的6年多时间，累计回报41.90%，复合年化收益率5.9%（见图6-18）。

图6-18　大摩双利增强债券A的累计回报（2014—2020年）

祝　松

现任职于鹏华基金。2014年开始基金经理生涯。其管理的鹏华产业债债券（代码：206018），是可以投资可转债的纯债基金。从2014年3月至2020年末的6年多时间，累计回报67.20%，复合年化收益率7.8%（见图6-19）。

图6-19　鹏华产业债债券的累计回报（2014—2020年）

李一硕

现任职于易方达基金。2014年开始基金经理生涯。其管理的定开型纯债基金易方达永旭定开债（代码：161117），自2014年7月至2020年末的6年多时间，累计回报49.73%，复合年化收益率6.4%（见图6-20）。

图6-20　易方达永旭定开债的累计回报（2014—2020年）

值得注意的是，易方达永旭定开债属于定期开放型纯债基金，每两年开放一次。因此，负债端更稳定，容易取得比普通开放式基金更高的投资收益。另外，个人投资者都不太喜欢这种定开式基金，该基金的个人持有者比例只有1.32%（2020年中报数据），这其中大部分持有者还可能来源于基金公司的员工申购。但实际上恰恰是"坐牢两年"组合，能够创造更高收益。

王晓晨

现任职于易方达基金。2011年开始基金经理生涯。其管理的纯债基金易方达投资级信用债债券（A类份额代码为000205，C类份额代码为000206），自2013年9月至2020年末的7年多时间，累计回报48.91%，复合年化收益率5.6%（见图6-21）。

图6-21　易方达投资级信用债债券A的累计回报（2013—2020年）

邹维娜

现任职于银华基金。2013年起在银华基金开始基金经理生涯。其管理的纯债基金银华信用四季红债券（A类份额代码为000194，C类份额代码为006837），自2013年8月至2020年末的7年多时间，累计回报56.68%，复合年化收益率6.3%（见图6-22）。

累计回报（%）

图6-22　银华信用四季红债券A的累计回报（2013—2020年）

马　龙

现任职于招商基金。2014年开始基金经理生涯。其管理的纯债基金招商产业债券（A类份额代码为217022，C类份额代码为001868），自2015年4月至2020年末的5年多时间，累计回报40.85%，复合年化收益率6.1%（见图6-23）。该基金过去几年持仓中含有少量的可转债。

累计回报（%）

图6-23　招商产业债券A的累计回报（2015—2020年）

闫沛贤

现任职于中加基金。2013年开始担任基金经理。其管理的纯债基金中加纯债债券（代码：000914），自2014年12月至2020年末的6年多时间，累计回报35.16%，复合年化收益率5.1%（见图6-24）。

图6-24　中加纯债债券的累计回报（2014—2020年）

关于历史业绩的来源

债券基金的业绩归因比股票类基金复杂。其主要原因在于可转债。由于可转债具备权益属性，所以其价格涨跌堪比股票。同样是两只基金，如果一只不能投资可转债，而另一只可以配置可转债，那么两者的收益差异可能非常大。但是，大部分第三方基金平台（天天基金、支付宝等）在对债券基金分类时，不会详细到这个程度，都将其统一为"纯债基金"。但是，有的是真纯债，不能投资可转债；有的则不然，可以配置少部分可转债。这样两者之间，就不能简单地进行业绩比较，从而得出哪只基金业绩更出众的结论。反倒是二级债基更为简单，都能投资不超过20%的股票，只用看谁的投资能力更强。

那么，哪里可以查到一只基金的投资范围呢？最准确的当然是最新的基金招募说明书了。

👁 实 例

基金投资范围对业绩的影响

南方基金的基金经理杜才超，管理着多只债券基金。其中有南方泽元（代码：006183）以及南方双元（A类份额代码为000997，C类份额代码为000998）。这两只基金在天天基金网标注的都是"长期纯债基金"。但实际上，如果你阅读它们的招募说明书，那么你会发现两者的投资范围有所不同。

南方泽元基金，是纯粹的债券基金，不能投资可转债。其招募说明书的"投资范围"章节中，明确指出："……本基金不投资股票、权证、可转债。"

而南方双元基金，则可以投资可转债。其招募说明书中指出："……本基金主要投资于国内依法发行和上市交易的国债、央行票据、金融债券、企业债券、公司债券、中期票据、短期融资券、超短期融资券、次级债券、政府机构债券、地方政府债券、资产支持证券、信贷资产支持证券、可交换债券、减记债券、中小企业私募债券、**可转换债券（含分离交易可转债）**、债券回购、银行存款（包括协议存款、定期存款及其他银行存款）、货币市场工具、国债期货以及经中国证监会允许基金投资的其他金融工具，但需符合中国证监会的相关规定。"

我们根据南方双元基金披露的定期报告，可以看到它的可转债持仓比例如图6-25所示。

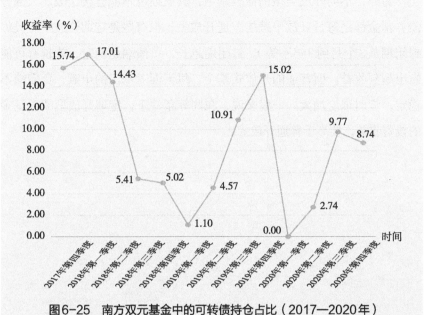

图6-25　南方双元基金中的可转债持仓占比（2017—2020年）

在2019、2020连续两年都是股市牛市的背景下，包含可转债投资的南方双元基金，更容易取得高收益（见表6-3）。

表6-3　南方泽元和南方双元A的年度回报（2018—2020年）

年份	南方泽元（代码：006183）回报率	南方双元A（代码：000997）回报率
2018	—	5.02%
2019	4.31%	6.65%
2020	2.56%	7.21%

注：南方泽元成立于2018年9月，因此当年无完整回报数据。

同一位基金经理，在2019年和2020年两个年度，收益差距很大，其主要原因在于投资范围的差异，其中可转债起着关键作用。

　　另外，不同开放类型的债券基金，其业绩也不能直接比较。大部分债券基金都是每日开放申赎的普通开放型，但有些是定期开放型（具体封闭期从3个月到3年不等）。封闭期越长，负债端越稳定，就越有可能做出超额收益。而普通的开放式基金，每天面对基民的申赎，负债端不稳定，管理难度加大。一般来说，在同等条件下，定期开放型债券基金的投资收益，要高于普通开放式。

第七章

如何选择货币基金

第十章

如何选择基金

为什么我们需要货币基金

与股票类基金、债券基金相比，货币基金就是个小弟弟：收益较低。那为什么我们还需要货币基金呢？

每个人不可能把所有的钱都拿去投资，肯定要放些现金存款，作为日常开支，以备不时之需。通常情况下，我们都会把这些钱放在银行账户上，作为活期存款，随时可支取。但活期存款的利率非常低，最新的利率水平只有0.35%。也就是说，把10万元放到银行账户上，每年只有350元的利息。

所以，我们需要一个这样的投资工具：跟活期存款类似、可以快速支取、几乎不亏损、利息收入比活期存款利率高。而货币基金，正是能够满足上述需求的理财工具。

假设我们用作日常流动性开支的活期存款是10万元，在有了货币基金后，完全可以配置成：2万元存款+8万元货币基金。这样除了满足日常流动性需要外，还可以增加额外的利息收入，两全其美。

收益不错

　　货币基金的收益水平肯定比活期存款利率高，否则谁会去买货币基金呢？我们以目前市场上规模靠前的两只货币基金为例，看看它们2016—2020年这5年的收益水平如何。

　　第一只是我们耳熟能详的余额宝：天弘余额宝货币（代码：000198），管理人是天弘基金，截至2020年年末，其规模达1.19万亿元；第二只是博时现金收益货币A（代码：000397），管理人是博时基金，截至2020年年末，其规模达1 608.33亿元。

　　我们可以看到，这两只货币基金的七日年化收益率高的时候能到4%以上，最低的时候也在1%以上，远远超过了0.35%的活期存款利率（见图7-1）。

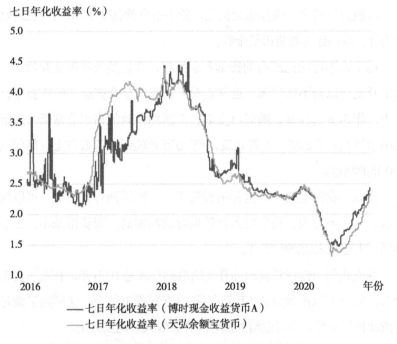

图7-1　余额宝及博时现金收益货币A的七日年化收益率（2016—2020年）

足够安全

投资货币基金时，安全是比收益更重要的因素。毕竟，我们是把货币基金当成活期存款的替代工具，以应付日常的流动性需求。我们不希望出现偷鸡不成蚀把米的情况。当你买入货币基金时，由于临时资金需要，随时会赎回基金。那么，这就要求不管你持有多长时间，赎回时都不能亏损。

货币基金能满足你的上述要求，问题是它如何保证资金安全的呢？

首先，货币基金的可投资范围非常狭窄，都是高信用资质、高流动性的资产。《货币市场基金监督管理办法》（2016）显示，货币基金只能投资于下列金融工具：

（一）现金。

（二）期限在1年以内（含1年）的银行存款、债券回购、中央银行票据、同业存单。

（三）剩余期限在397天以内（含397天）的债券、非金融企业债务融资工具、资产支持证券。

（四）中国证监会、中国人民银行认可的其他具有良好流动性的货币市场工具。

其次，摊余成本法保证赎回时不亏钱。不管是股票基金、混合基金还是债券基金，单位净值的计算都使用市值法，即基金持仓，按照市场估值或收盘价来核算。只要使用市值法，都存在一个问题：单位净值的波动是双向的，有可能赢利也可能亏损。如果货币基金也使用市值法估算，我们持有1个月的货币基金在赎回时就会发生亏损，那谁还会买货币基金呢？

因此，货币基金使用摊余成本法来计算基金资产。此方法比较专业，大家不用细究，只要记住：在摊余成本法下，一旦基金买入了一只债券，则这只债券的价值与后续的价格变动无关，只和买入成本有关，从而屏蔽了市场价格的波动。所以，在买入货币基金后，我们就会发现天天都有收益进账。

有人可能要问：万一货币基金持仓债券出现违约，或者大额赎回导致不得不以市场价卖出债券（低于成本价），货币基金岂不是要出现亏损？如果发生这种情况，那么货币基金确实会出现亏损，事实上过去几年也发生过几次。在这种情况下，绝大部分基金公司为了自身声誉，都会以自有资金去弥补货币基金的亏损，不让基民出现损失。实际上，在货币基金的管理中，要求同时核算影子定价（根据市值法计算）和摊余成本法定价，当两者偏离超出阈值时，基金公司有责任调整。

快速赎回

货币基金之所以能作为活期存款的替代品，一个重要原因在于，它能快速赎回。试想，如果一个基金赎回需要7天，当我们着急用钱时，那就远水解不了近渴。好在货币基金的赎回都很快，一般是T+1日赎回。也就是说，如果你周一下午三点前赎回，那么周二资金就可以到账。

几乎无亏损风险，再加上快速赎回，还能有点利息收入，货币基金简直就是活期存款的完美替代品。同时，现在的定期存款利率也很低，比如一年期定期存款利率（整存整取）只有1.5%，绝大部分时候都低于货币基金的收益率。

选择货币基金的小技巧

货币基金的选择，要比股票类基金和债券基金简单得多！因为货币基金是流动性管理工具，所以货币基金之间的收益差距不大。而且，大部分人买货币基金也是为了短期持有，因此即使收益率有些差异，由于持有时间不长，最终的利息收入差异也不会很大。因此，很多人选择货币基金，更多考虑的是方便性。不过，选择货币基金还是有些小技巧的，我跟大家分享一下。

货币基金的份额

货币基金的份额计算方式跟其他基金不一样。股票基金或债券基金的买卖，遵循"金额申购、份额赎回"。也就是说，申购基金时，根据基金的单位净值，计算你能买到的份额；在持有期间，你的份额保持不变，盈亏主要来源于单位净值的波动；赎回时，按照你持有的份额，再乘以当时的单位净值，就得到你的赎回金额（不考虑赎回费）。

但货币基金的份额计算方式非常特别，"份额申购、份额赎回"：永远保持1.0的单位净值不变（场内货币基金除外）。假设你买入了1万元的货币基金，由于货币基金没有申购费，因此你就拥有了1万份的份额。过了1天，你的收益如何计算呢？基金公司会把当天的利息收入，折算成份额，再还给你。假设你的1万份份额，当天的总收益是1.2元，则当晚，你的总份额就变成了10 001.2份，而单位净值仍然保持1.0不变。

【小贴士】

货币基金一般不收取申购费和赎回费。管理费在0.30%/年左右，托管费在0.05%左右。

了解几个收益率指标

选择货币基金时，历史收益率当然是重要的参考指标。由于货币基金是流动性管理工具，所以其短期业绩更重要。市场上最常用的是两种收益率指标：七日年化收益率和万份收益。

七日年化收益率

七日年化收益率是指过去7天的平均收益率。假设你买了1万元的货币基金，今天的七日年化收益率为3%，则过去7天你赚到的利息收入为：

$$过去7天利息收入 \approx 10\,000 \times 3\% \times \frac{7}{365} = 5.753\,4$$

七日年化收益率是过去7日收益的平均值，但不能如实反映最新的投资收益率。这时候，有请"万份收益"出场！

万份收益

"万份收益"是"每万份基金单位收益"的简称，是一个绝对金额。假设当天万份收益是1.1，意味着如果当天你持有1万份的货币基金（1万元金额），那么当天的利息收入就是1.1元，非常直观。

更重要的是，万份收益是当日的最新收益数据，不受历史收益数据的影响，反映的是最新的投资收益率。

万份收益也可以转化为年化投资收益率。假设当天的万份收益是1.1元，则年化收益率为：

$$当天年化收益率 = \left(1 + \frac{1.1}{10\,000}\right)^{365} - 1 = 4.10\%$$

我们到底该看七日年化收益率还是万份收益呢？答案是：两个都看。一个是七日平均数据，一个是当日数据，结合起来看我们才能知道货币基金的收益走势。

场外还是场内货币基金

场外货币基金是目前市场的主流产品。所谓场外，就是在交易所之外进行申购和赎回，比如银行、基金公司直营App、第三方销售平台等。场外货币基金可选品种非常丰富，但也有缺憾：申赎的时间较长。一般来说，T日申购，T+1日确认份额；赎回最快也需要T+1日才能回款。

很多时候，我们都有短暂的闲余资金，如果这些资金趴在账上没有任何利息，那我们岂不是很吃亏？那么，有没有类似于场内ETF基金的货币基金呢，可以随时在证券交易所买卖，还能赚取利息收入，岂不是更快更方便？有的！这就是场内货币基金。

场内货币基金也分为以下两种。

- 场内申赎型货币基金。投资者可以通过证券账户在交易所直接申购或赎回货币基金。从速度上看，T日申购，当日即可生效并享受利息收入；T日赎回后，当日资金可用，T+1日资金可取。

目前，市场规模较大的部分场内申赎型货币基金如表7-1所示。

表7-1　部分场内申赎型货币基金

代码	基金名称	基金公司	规模（亿元）
519888/519889	汇添富收益快线货币A/B	汇添富基金	119.88
519898	大成现金宝A	大成基金	3.03
519878/519879	国寿安保场内申赎A/B	国寿安保基金	5.33
519858	广发现金宝A	广发基金	2.51
519800	华夏保证金A	华夏基金	1.25

注：管理规模数据截至2020年年末。

- 场内交易型货币基金。这类基金不但可以场内申赎，还可以在交易所二级市场买卖，极大地方便了投资者。由于T日买入立即生效（相当于T+0交易），所以这类基金可以在一天中多次买卖。场内交易型货币基金比场内申赎型更具优势。

目前，市场上规模较大的部分场内交易型货币基金如表7-2所示。

表7-2　部分场内交易型货币基金

代码	基金名称	基金公司	管理规模（亿元）
511990.SH	华宝添益ETF	华宝基金	1 353.50
511880.SH	银华日利ETF	银华基金	889.40
511660.SH	货币ETF建信添益	建信基金	260.17
511810.SH	理财金货币ETF	南方基金	35.39
511690.SH	交易货币ETF	大成基金	20.75
511850.SH	财富宝货币ETF	招商基金	7.58
511800.SH	易方达货币ETF	易方达基金	3.44
511860.SH	保证金货币ETF	博时基金	2.66

注：管理规模数据截至2020年年末。

　　和ETF基金一样，有些场内货币基金也有对应的场外份额，方便投资者投资。

 实 例

场内交易型货币基金

　　华宝现金添益A（代码：511990.SH）属于场内交易型货币基金，同时对应的场外份额为华宝现金添益B（代码：001893.OF）。对应的费率如表7-3所示。

表7-3　华宝现金添益的费率表

项目	华宝现金添益A	华宝现金添益B
申购费/认购费	—	—
赎回费	—	—
管理费（年费率）	0.35%	0.35%

（续表）

项目	华宝现金添益A	华宝现金添益B
托管费（年费率）	0.09%	0.09%
销售服务费（年费率）	0.25%	0.01%
申赎及交易渠道	上海证券交易所	场外
申购门槛	100元	1亿元

与场外货币基金相比，场内货币基金申赎方便，并且交易型货币基金还可以在二级市场T+0交易。不过，场内货币基金的起购（交易）金额较高：场内申赎型一般起购金额为1 000元；场内交易型的，二级市场交易门槛一般为1万元（单位净值100元，最低100份）。

安全和收益率哪个重要

一般来说，中小基金公司旗下的货币基金收益更高；中小规模的货币基金，收益也更高。这是因为基金公司越小，品牌效应越不明显，就越需要更高的收益吸引基民。规模是收益的敌人，所以规模越小，越容易做高收益。

那么，我们在选择货币基金时，安全和收益率哪个更重要呢？我认为，安全应该放在首位。因为货币基金都是流动性管理工具，收益率差距并不大。我们应当选择大中型基金公司管理的、规模较大的基金（如规模在20亿元以上）。

另外，有些货币基金以机构投资者为主。机构投资者包括银行、信托、证券等金融机构和一般工商企业。这类货币基金由于投资者都是机构，持有份额很大（以亿为单位），当赎回基金时，对基金公司的变现压力很大。因此，个人投资者的占比越高，货币基金就越安全。因为散户的行为是高度分散的，不可能同一时间集中赎回基金。

实 例

货币基金的投资者结构

    易方达基金旗下的货币基金：易方达易理财货币，分为A类份额（代码：000359）和B类份额（代码：008733）。其中A类份额的起购金额为1元，B类份额的起购金额为500万元。显然，A类份额面向个人投资者，而B类份额面向机构投资者。截至2020年年末，这两类份额的投资者结构和规模如表7-4所示。

表7-4　易方达易理财货币两类份额的投资者结构及规模（2020年年末）

项目	易方达易理财货币A	易方达易理财货币B
规模（亿元）	2 083.24	94.85
规模占比（%）	95.6	4.4
个人投资者持仓比例（%）	100	0
机构投资者持仓比例（%）	0	100

    由于A类与B类份额的资金是集中统一运作的，而A类份额占比95.6%，而且全部由个人投资者持有。机构投资者所持有的B类份额只占总规模的4.4%。因此，易方达易理财货币是非常安全的，散户比例非常高。

    与之对比的是兴业基金的货币基金：兴业安润货币。其中A类份额（代码：004216）的起购金额是100元，B类份额（代码：004217）的起购金额是500万元。截至2020年年末，这两类份额的投资者结构和规模如表7-5所示。

表7-5　兴业安润货币两类份额的投资者结构及规模（2020年年末）

项目	兴业安润货币A	兴业安润货币B
规模（亿元）	0.38	443.31
规模占比（%）	0.1	99.9
个人投资者持仓比例（%）	5.86	0
机构投资者持仓比例（%）	94.14	100

　　作为个人投资者为主的A类份额，只占总管理规模的0.1%，这只基金几乎都被机构投资者所有。对于个人，我不建议购买此类货币基金。

【小贴士】

　　基金的投资者比例（个人占比、机构占比）数据，在基金的定期报告中会披露。第三方基金平台（比如天天基金、支付宝等）也都有这个数据。

指数基金定投

为什么要选指数基金

在之前的章节中，我们用历史业绩说明了一点：在国内A股市场，主动管理型基金还是能够持续打败市场大盘指数，创造超额收益的。

我们以2005—2020年这16年的数据为例，选取了两个大盘指数：沪深300指数（全收益）和上证50指数（全收益）。在主动管理型基金方面，我们选取了中证混合基金指数（代码：H11022），进行累计回报的比较。之所以我们不选中证主动股基指数，是因为该数据只有2008年以后的数据。

沪深300全收益指数累计涨幅579%，复合年化收益率12.7%；上证50全收益指数累计涨幅522.9%，复合年化收益率12.1%；而混合基金的累计涨幅是962.6%，复合年化收益率15.9%（见图8-1）。

既然如此，为什么我们还要投资指数基金，买主动管理型基金岂不是更香？

问题在于，主动管理型基金的数量太多，如果不具备一定的专业能力，基民是很难选出优质基金的！根据东方财富Choice的统计，截至2021年1月末，存量的基金数量7 522只，其中指数基金877只，主动管理型基金6 645只。即使以股票类基金（包括股票基金、混合基金）计算，合计数量4 480只，其中主动管理型基金3603只，占比80%以上。试问，在数量众多的主动管理型基金中，你是否有能力筛选出优质基金？

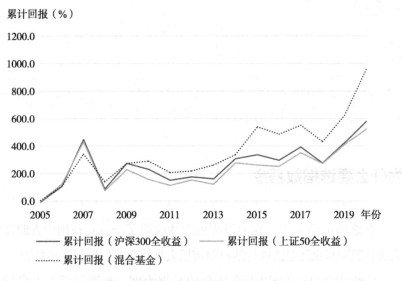

图8-1　指数基金与主动管理型基金的收益比较（2005—2020年）

我们在前几章中，专门讲了散户如何筛选优质基金。但是，很多人可能没有足够的时间去研究，或者没有足够的专业技能去研究。那么，我们该如何投资呢？总不能坐以待毙，把钱都放在存款里等货币贬值吧！

其实，在我们刚才统计2005—2020年这16年的收益数据时，细心的你可能已经发现了：虽然沪深300指数或上证50指数的复合年化收益率不如主动管理型基金，但收益也是非常不错的，大幅跑赢了通货膨胀。沪深300指数（全收益）年化收益率12.7%，上证50指数（全收益）年化收益率12.1%。

对于那些没有足够空闲时间，或者没有兴趣做投资研究的人来说，投资指数基金就能获得上述的收益，岂不是两全其美？

再者，在多达3 000多只的主动管理型股票类基金中，慧眼识珠，筛选出优质基金，也不是那么容易的事。如果没有足够的耐心和研究能力，我们就很可能踩坑买到劣质基金，让自己的本金损失。与其大海捞针，不如躺赢，直接买指数基金，避免了踩坑的风险。

最后，也是最重要的一点：指数基金的费用更便宜。以股票类基金为例，指数基金的管理费一般是0.5%/年，托管费0.1%/年；而主动管理型基金的管理费一般是1.5%/年，托管费0.25%/年。合计下来，指数基金每年要节约1.15%的费用。更何况，有些基金（C类份额居多）还收取0.25%/年～0.8%/年不等的销售服务费。如果加上销售服务费，指数基金每年要节省成本1.5%左右！

在成熟的美国股票市场，主动管理型的股票基金，长期跑不赢指数基金，其核心原因在于基金经理很难持续做出超额收益，但基金却收取着高昂的管理费！还记得在第一章里面提到的"巴菲特的赌局"吗？巴菲特赌2008—2017年的10年时间，主动管理型基金跑不赢大盘指数（标准普尔500指数），赌局的结果是：巴菲特赢了。

美国指数基金之父约翰·伯格在《共同基金常识》中，统计了截至2008年年底的过去50年间，标准普尔500指数和普通股票型基金的收益对比，结果如表8-1所示。

表8-1 标准普尔500指数对比股票型基金 单位：%

期限（年）	标准普尔500指数	普通股票型基金	指数优势
50	9.2	8.0	1.2
40	9.0	7.6	1.4
30	11.0	9.3	1.7
20	8.4	6.6	1.8
10	−1.4	−0.9	−0.4
5	−2.2	−3.3	1.1

注：数据截至2008年年末的不同期限所对应的年化回报率。

我们可以看到，拉长时间来看，指数基金完胜主动管理型股票基金！最关键的原因在于：（1）美国股票市场高度有效，绝大部分基金经理很难持续创造超额收益；（2）在费率上，指数基金更便宜，每年节约了1%以上的成本，时间越长，积累的收益越多。

将来，中国会不会也复制美国的路径，主动管理型基金难以打败指数基金呢？这是非常有可能的。第一点，指数基金费率更便宜，这点已经实现了。剩下的就是第二点，股票市场高度有效。目前，国内A股市场散户持仓占比60%左右，绝大部分都是"韭菜"，造成了股票市场有效性不足，以基金公司为代表的机构投资者，能够持续在市场收割散户，创造超额收益。但近些年来，越来越多的人，选择买基金而不是直接炒股，使得机构投资者的占比稳步提高。在不远的将来，中国也会像美国那样，指数基金大行其道。所以，我们现在投资指数基金正当其时，因为我们正走在正确的道路上。

指数全系列

在进行指数基金投资之前，我们必须要对市场上主流的指数系列做个大致的了解。只有这样，我们才知道哪款指数基金适合自己。市场指数，就是指数基金的原材料。

不同的指数基金，就像是不同脾气秉性的人，差异很大。有的指数基金适合年轻的进取型投资者，但未必适合保守型的退休老人。因此，只有摸清每种指数的风格特点，我们才能做到有的放矢，挑选出最适合自己投资偏好的指数基金。

股票市场上的指数，可以分为宽基指数和窄基指数。宽基指数是一种规模指数，主要由满足特定市值规模要求的股票组成，没有明显的行业或主题特性，比如常常听到的上证50指数、沪深300指数、中证500指数、创业板指数等。而窄基指数，顾名思义，是聚焦在某个狭窄的行业、主题或策略的指数，比如中证医药指数、中证消费指数等。

　　为什么要分宽基指数和窄基指数？有些投资者对于行业的研究并不深入，也没有明显的行业偏好，那么宽基指数是最佳选择。而有的投资者由于自身职业关系，或者出于兴趣爱好，对某个行业或主题有较为深入的研究，并觉得某个行业的股票上涨机会更大，那么明显投资某个窄基指数更合适。

 实　例

窄基指数的走势

　　2018年A股整体熊市。2019—2020年，牛市终于到来。虽然大盘整体上涨，但每个行业涨幅并不一致。其中，300消费指数（代码：000912）和300医药指数（代码：000913）涨幅惊人。2019—2020年，作为宽基指数的沪深300全收益指数累计上涨83.30%，而作为窄基指数的300消费指数累计上涨215.25%，300医药指数累计上涨123.61%（见图8-2）。

图8-2　宽基指数与窄基指数的累计回报对比（2019—2020年）

很明显，如果你对行业没有太多研究，那么直接挂钩沪深300的宽基指数，其收益也非常可观。但如果你坚决看好医药或消费行业的行情，买入对应的窄基指数，你就会赚得盆满钵满。

接下来，我会介绍一些最重要的宽基指数与窄基指数。

上证50

上证50指数（代码：000016）属于宽基指数，是由上海证券交易所制定和发布，由沪市A股中规模大、流动性好的最具代表性的50只股票组成，反映上海证券市场最具影响力的一批龙头公司的股票价格表现。该指数按照成分股的流通市值加权。

上证50指数虽属于宽基指数，但其偏向性非常严重。以2020年7月末的数据为例，各行业在上证50指数中的占比如表8-2所示。

表8-2　上证50指数的行业权重

行业	权重	行业	权重
金融地产	48.16%	原材料	5.31%
主要消费	16.67%	信息技术	2.72%
工业	8.66%	能源	2.32%
医药卫生	8.44%	电信业务	2.25%
可选消费	5.49%		

注：数据截至2020年7月末。

我们可以看到，金融地产占到上证50指数权重的48.16%。所以，有的小伙伴买了上证50指数后，看到医药、TMT行业涨的如火如荼，自己的基金却不动如山，是再正常不过的。只有当金融地产板块上涨时，上证50指数才会一飞冲天。所以，上证50指数虽为宽基指数，但其主要行业在金融地产及消费。

目前市面上发行的上证50指数的基金比较多，有代表性意义的几只如表8-3所示。

表8-3 部分挂钩上证50的指数基金

代码	简称	基金公司	规模（亿元）	运作方式
510050	华夏上证50ETF	华夏基金	565.74	ETF基金
110003/ 004746	易方达上证50指数A/C	易方达基金	276.94	开放式基金
001051	华夏上证50ETF联接A	华夏基金	15.22	ETF联接基金
001548/001549	天弘上证50指数A/C	天弘基金	17.88	开放式基金

注：数据截至2020年年末。

沪深300

沪深300是另一个非常重要的宽基指数。上证50的问题在于：只包括了上交所的前50只股票。沪深300指数由上海和深圳证券市场中市值大、流动性好的300只股票组成，综合反映中国A股市场上市股票价格的整体表现。该指数由中证指数有限公司创建和发布，也是按照流通市值加权。

表8-4 沪深300指数的行业权重

行业	权重	行业	权重
金融地产	31.60%	可选消费	9.80%
主要消费	14.90%	原材料	6.20%
工业	11.20%	电信业务	2.30%
信息技术	10.60%	公用事业	1.80%
医药卫生	10.00%	能源	1.40%

注：数据截至2020年7月末。

根据表8-4，沪深300指数比上证50指数的行业分布更为均衡，不过金融地产依然占据了31.6%的权重，消费（包括主要消费、可选消费）占了24.8%。

目前市面上发行的沪深300指数的基金比较多，有代表性意义的几只如表8-5所示。

表8-5　部分挂钩沪深300的指数基金

代码	简称	基金公司	规模（亿元）	运作方式
510300	华泰柏瑞沪深300ETF	华泰柏瑞基金	457.48	ETF基金
510330	华夏沪深300ETF	华夏基金	305.88	ETF基金
159919	嘉实沪深300ETF	嘉实基金	250.93	ETF基金
160706	嘉实沪深300ETF联接（LOF）A	嘉实基金	153.22	LOF基金
000051	华夏沪深300ETF联接A	华夏基金	119.55	ETF联接基金
515380	泰康沪深300ETF	泰康资产	72.37	ETF基金

注：数据截至2020年年末。

中证500

上证50和沪深300都属于超大市值的股票指数，但A股有4000多只股票，如果想要投资中小盘股票，我们该怎么办呢？中证500指数就是覆盖了这些中小盘股票。

中证500指数也是宽基指数。由全部A股中剔除沪深300指数成分股及总市值排名前300名的股票后，总市值排名靠前的500只股票组成，综合反映中国A股市场中一批中小市值公司的股票价格表现。

中证500指数的行业权重如表8-6所示。

目前市面上发行的中证500指数的基金比较多，有代表性意义的几只如表8-7所示。

表8-6 中证500指数的行业权重

行业	权重	行业	权重
工业	20.43%	金融地产	8.92%
原材料	15.84%	主要消费	6.90%
信息技术	15.61%	公用事业	2.26%
医药卫生	15.14%	电信业务	2.13%
可选消费	11.16%	能源	1.63%

注：数据截至2020年7月末。

表8-7 部分挂钩中证500的指数基金

代码	简称	基金公司	规模（亿元）	运作方式
510500	南方中证500ETF	南方基金	382.37	ETF基金
160119	南方中证500ETF联接（LOF）A	南方基金	82.31	LOF基金
512500	华夏中证500ETF	华夏基金	54.03	ETF基金
159922	嘉实中证500ETF	嘉实基金	36.78	ETF基金
510510	广发中证500ETF	广发基金	34.00	ETF基金

注：数据截至2020年年末。

创业板指数

创业板指数（代码：399006，简称创业板指）属于宽基指数，是从创业板中选取市场市值大、流动性好的100家公司为样本，按照流通市值做加权平均。

由于创业板以高新企业为主，所以在创业板指数中，高新技术企业占比超过9成。在市场偏好于新经济、高科技等题材时，创业板指往往涨得非常好。

创业板指数的各行业权重如表8-8所示。

表8-8　创业板指数的行业权重

行业	权重	行业	权重
医药卫生	32.56%	主要消费	5.79%
信息技术	27.90%	可选消费	5.15%
工业	15.35%	原材料	3.40%
金融	6.72%	电信业务	3.14%

注：数据截至2020年7月末。

当然，除了上面的创业板指数，还有些创业板指数的变种。例如，创业板50指数是华安基金和其他公司联合开发的，是在创业板指的100只股票中，选取最近半年日均成交额排名靠前的50只股票作为创业板50的样本股。

基于创业板指的指数基金较多，几个典型的基金如表8-9所示。

表8-9　部分挂钩创业板指的指数基金

代码	简称	挂钩指数	基金公司	规模（亿元）	运作方式
159915	易方达创业板ETF	创业板指	易方达基金	155.93	ETF基金
159949	华安创业板50ETF	创业板50	华安基金	104.97	ETF基金
110026	易方达创业板ETF联接A	创业板指	易方达基金	51.83	ETF联接基金
159977	天弘创业板ETF	创业板指	天弘基金	37.47	ETF基金
161022	富国创业板指数（LOF）	创业板指	富国基金	26.49	LOF基金
159948	南方创业板ETF	创业板指	南方基金	24.39	ETF基金

注：数据截至2020年年末。

科创50

上证科创板50成分指数（代码：000688，简称科创50），由上海证券交易所科创板中市值大、流动性好的50只证券组成，反映最具市场代表性的一批科创企业的整体表现。其计算方法也是按照流通市值加权。

由于科创板定位于高科技型企业，所以科创50成分股大多从事高科技新兴产业。科创50指数的行业权重分布如表8-10所示。

表8-10　科创50指数的行业权重

行业	权重	行业	权重
信息技术	55.95%	原材料	7.30%
医药卫生	19.89%	电信服务	5.01%
工业	10.35%	可选消费	1.50%

注：数据截至2020年8月末。

如果未来十年，中国能够成功转型升级为科技创新大国，解决科技领域"卡脖子"核心技术，那么科创板有可能成为中国版的纳斯达克，涌现出一批世界级的企业。从市盈率角度来看，科创50指数比较高，一是因为科创板的很多企业尚未实现稳定的盈利，二是市场对其未来高增长的预期。因此，虽然从短期来看科创50指数波动较大，但长期来看科创板的增长前景可期。

已经上市的挂钩科创50指数的基金如表8-11所示。

表8-11　部分挂钩科创50的指数基金

代码	简称	基金公司	规模（亿元）	运作方式
588000	华夏上证科创板50成分ETF	华夏基金	124.58	ETF基金
588080	易方达上证科创板50成分ETF	易方达基金	65.18	ETF基金
588090	华泰柏瑞上证科创板50成分ETF	华泰柏瑞基金	49.84	ETF基金
588050	工银上证科创50成分ETF	工银瑞信基金	49.21	ETF基金

注：数据截至2020年年末。

医药行业指数

随着居民收入的增长、人均寿命的提高，老百姓对医药的消费越来越大。医药行业尤其是创新药，对于治疗重大疾病具有良好的疗效。

医药行业属于科技含量很高的行业，很多原创药的研发费用高、研发周期长，可一旦成功并投向市场，就能够赚取很高的利润。

正是由于医药行业的高成长性，市场给医药行业公司的市盈率也很高，这反映了对未来业绩增速的高预期。

医药行业包括药品、医疗器械、医疗服务等与医药相关的业务。根据中信证券的行业分类标准，医药行业分成如图8-3所示子行业。

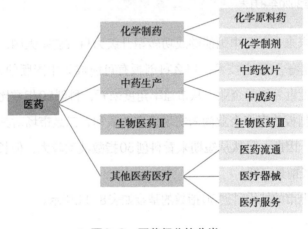

图8-3　医药行业的分类

- 化学制药。化学制药可以细分为化学原料药和化学制剂。化学原料药指用于生产各类化学制剂的原料药物，是制剂中的有效成分。它是由化学合成、植物提取或者生物技术制备的原料，不能给病人直接服用。而化学制剂就是把这些化学原料药变成病人可以直接服用的西药制剂。
- 中药生产。中药包括中药饮片和中成药。
- 生物医药。生物医药指通过基因工程、细胞工程、蛋白质工程等生物技术获得的生物性药品，用于疾病预防、治疗和诊断。疫苗、生长激素等就是最常见的生物医药。生物医药是未来最具发展潜力的行业。

- 其他医药医疗。其他医药医疗包括医药流通（主要负责药品的市场流通）、医疗器械（用于人体的仪器、设备、体外诊断试剂等设备或材料）和医疗服务（指医院或医疗技术人员提供的医疗健康服务，例如体检、保健、手术等）。

目前主流的医药行业指数如表8-12所示。

表8-12　主流的医药行业的指数

代码	指数名称	指数简称	说明
399441	国证生物医药指数	生物医药	以A股市场属于生物医药产业相关上市公司为样本空间，根据市值规模和流动性的综合排名，选出前30只股票作为指数样本股（数量不足时则按实际数量选入），反映了生物医药行业的整体运行情况，向市场提供了细分行业的指数化投资标的
399394	国证医药卫生行业指数	国证医药	参照国证行业分类标准，选取归属医药卫生行业的规模和流动性突出的80只股票作为样本股，反映了沪深两市医药卫生行业上市公司的整体收益表现，向市场提供细分行业的指数化投资标的
000913	沪深300医药卫生指数	300医药	由沪深300指数样本股中的医药卫生行业股票组成，以反映该行业公司股票的整体表现，反映了医药行业市值处于第一梯队的公司，属于医药大盘股
000978	中证医药100指数	医药100	选取医药卫生和药品零售行业市值较大的100只股票组成，以反映医药相关行业公司股票的整体走势，选取了市值前100大的医药公司，基本覆盖了医药行业的大中型企业

（续表）

代码	指数名称	指数简称	说明
000933	中证医药卫生指数	中证医药	由中证800指数样本股中的医药卫生行业股票组成，以反映该行业公司股票的整体表现
000991	中证全指医药	全指医药	从中证全指样本股医药卫生行业内选择流动性和市场代表性较好的股票构成指数样本股，以反映沪深两市医药卫生行业内公司股票的整体表现
930726	中证生物医药	CS生医	选取提供细胞医疗、基因测序、血液制品、生物技术药物、疫苗、体外诊断等产品和服务的上市公司作为样本股，采用自由流通市值加权方式，并对单个股票设置5%的权重上限，以反映生物医药上市公司的整体表现
399989	中证医疗指数	中证医疗	从沪深A股医药卫生行业的上市公司中，选取业务涉及医疗器械、医疗服务、医疗信息化等医疗主题的上市公司股票作为指数样本股，以反映医疗主题上市公司股票的整体表现

以2015—2020年这5年的数据为例，生物医药、300医药、沪深300全收益指数的回报如表8-13、图8-4所示。

表8-13　生物医药、300医药及沪深300全收益指数的历年回报（2015—2020年）

代码	指数	累计回报（%）	复合年化收益率（%）
H00300	沪深300全收益指数	55.66	9.3
399441	生物医药	79.93	12.5
000913	300医药	106.43	15.6

目前市场上几个主流的医药行业的指数基金如表8-14所示。

图8-4　生物医药、300医药及沪深300全收益指数的历年回报（2015—2020年）

表8-14　部分挂钩医药行业的指数基金

代码	简称	基金公司	规模 （亿元）	挂钩指数	运作方式
161726	招商国证生物医药指数（LOF）	招商基金	158.66	生物医药	LOF
512290	国泰中证生物医药ETF	国泰基金	41.91	CS生医	ETF
512010	易方达沪深300医药ETF	易方达基金	27.42	300医药	ETF
159938	广发中证全指医药卫生ETF	广发基金	26.79	全指医药	ETF
160219	国泰国证医药卫生行业指数（LOF）	国泰基金	16.65	国证医药	LOF
000059	国联安中证医药100A	国联安基金	13.41	医药100	开放式基金
512170	华宝中证医疗ETF	华宝基金	12.82	中证医疗	ETF

注：数据截至2020年年末。

消费行业指数

消费行业是A股市场中非常活跃的行业。近些年，随着居民生活的消费升级，消费行业迎来快速增长。

消费品按照特性，可以分为主要消费和可选消费。主要消费又叫必选消费，包括生活必需消费品，如食品饮料、家庭个人用品等。我们所熟知的酒、牛奶、面包、大米、调味品等，都属于必选消费品。主要消费行业的特点是产品升级换代慢，比如主食、牛奶等，多少年都不变。可选消费是可买可不买的消费品，主要包括汽车、家电、奢侈品、传媒、零售等。可选消费的特点是产品迭代周期快，比如家电、汽车等，往往过几年都会升级换代。

近几年消费行业的投资收益率相当不错，大量资金逐步向消费龙头股集中，推高了消费龙头股的估值水平。比如，贵州茅台、五粮液、海天味业、美的集团、格力电器等，过去几年都取得了数倍的上涨。

消费行业是一个弱周期行业，在经济增长低迷时，股价表现仍然比较坚挺。而且，国内的消费升级对消费龙头企业是个长期利好。

目前市场上主流的消费指数如表8-15所示。

表8-15 市场上主流的消费指数

代码	指数简称	说明
000932	中证主要消费（中证消费）	由中证800指数样本股中的主要消费行业股票组成，以反映该行业公司股票的整体表现
931139	中证消费50	由沪深两市可选消费与主要消费（剔除汽车与汽车零部件、传媒子行业）中规模大、经营质量好的50只龙头公司股票组成，以反映沪深两市消费行业内50家龙头公司股票的整体表现，为指数化产品提供新的标的
000036	上证消费	由上海证券市场主要消费行业股票组成，以反映该行业公司股票的整体表现
000126	上证消费50	以上证全指为样本空间，由过去一年日均总市值和日均成交金额排名靠前的50只可选消费和主要消费公司股票组成，以反映沪市A股中消费类股票的整体表现

（续表）

代码	指数简称	说明
000989	中证全指可选消费	从中证全指样本股可选消费行业内选择流动性和市场代表性较好的股票构成指数样本股，以反映沪深两市可选消费行业内公司股票的整体表现
399997	中证白酒指数	以中证全指为样本空间，选取涉及白酒生产业务相关上市公司股票作为成分股，为市场提供多样化的投资标的

随着中国居民的收入增长，GDP中的消费占比越来越高。国家统计局数据显示，2019年消费支出对GDP增长的贡献率为57.8%。在消费升级的背景下，消费行业的指数在2015—2020年这5年间涨幅领先大盘指数（见表8-16、图8-5）。

表8-16　中证消费类指数的回报率

指数	累计回报（％）	复合年化收益率（％）
沪深300全收益指数	55.66	9.3
中证消费指数	238.39	27.6
中证白酒指数	523.06	44.2

图8-5　中证消费、中证白酒及沪深300全收益指数的历年回报（2015—2020年）

目前市面上主流的几个消费行业的指数基金如表8-17所示。

表8-17　部分挂钩消费行业的指数基金

代码	简称	基金公司	规模（亿元）	运作方式
161725	招商中证白酒指数（LOF）	招商基金	485.26	LOF基金
159928	汇添富中证主要消费ETF	汇添富基金	84.08	ETF基金
000248	汇添富中证主要消费ETF联接	汇添富基金	50.95	ETF联接基金
515650	富国中证消费50ETF	富国基金	12.93	ETF基金

注：数据截至2020年年末。

半导体行业指数

半导体行业一直是近几年股市的热点。随着美国对中国半导体技术的限制，国产替代成为未来十年的主要议题之一。目前虽然半导体行业的很多公司仍然处于高投入阶段，利润很少甚至是长时间亏损，但其未来的市场前景可期。

根据申万的行业分类标准，半导体属于一级行业"电子"下面的二级行业。半导体行业还可以进一步细分为集成电路、分立器件和半导体材料三个三级行业（见图8-6）。

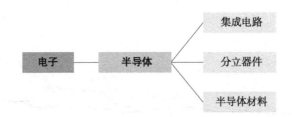

图8-6　电子行业的分类

根据海关总署的数据，2019年我国集成电路进口额高达3 055亿美元（见图8-7）。2007—2019年，我国集成电路进口额呈逐步上升趋势。

而2019年原油进口额为2 413亿美元，低于集成电路进口额。如果国产替代的趋势成立，那么未来几年我国集成电路进口额大概率维持高增长格局。

图8-7 我国集成电路进口额（2007—2019年）

数据来源：海关总署。

目前市场上主流的半导体指数如表8-18所示。

表8-18 市场上主流的半导体指数

代码	指数名称	指数简称	说明
980017	国证半导体芯片	国证芯片	为反映A股市场芯片产业相关上市公司的市场表现，丰富指数化投资工具
H30184	中证全指半导体产品与设备指数	半导体	由中证全指样本股中的半导体产品与设备行业股票组成，以反映该行业股票的整体表现
990001	中华半导体芯片	中华半导体	为股票价格指数，旨在追踪中国A股市场半导体芯片行业上市公司的股价表现，相关公司经营范围涵盖半导体芯片材料、设备、设计、制造、封装和测试

（续表）

代码	指数名称	指数简称	说明
931081	中证半导体产业指数	中证半导	选取涉及半导体设计、制造、应用与设备生产的上市公司股票作为成分股，以反映半导体产业的整体表现，并为投资者跟踪半导体产业发展提供投资工具

2015—2020年的这5年间，国证芯片指数累计上涨88.08%，复合年化收益率13.5%（见图8-8）；而同期的沪深300全收益指数，累计上涨55.66%，复合年化收益率9.3%。

累计回报（%）

图8-8　国证芯片的累计回报（2015—2020年）

目前市面上主流的几个半导体行业的指数基金如表8-19所示。

表8-19 部分挂钩半导体行业的指数基金

代码	简称	基金公司	规模（亿元）	挂钩指数	运作方式
159995	华夏国证半导体芯片ETF	华夏基金	238.72	国证芯片	ETF基金
512760	国泰CES芯片ETF	国泰基金	147.95	中华半导体芯片	ETF基金
512480	国联安中证半导体ETF	国联安基金	105.54	半导体	ETF基金
007301	国联安中证全指半导体产品与设备ETF联接C	国联安基金	36.09	半导体	ETF联接基金
159801	广发国证半导体芯片ETF	广发基金	26.07	国证芯片	ETF基金
008282	国泰CES半导体芯片行业ETF联接C	国泰基金	25.49	中华半导体芯片	ETF联接基金

注：规模数据截至2020年年末。

通信行业指数

通信行业也是近些年比较热门的行业。由于5G通信技术的全面铺开，相关的5G产业链上市公司受益。

目前与通信行业相关的指数如表8-20所示。

表8-20 通信行业的相关指数

代码	指数名称	指数简称	说明
931079	中证5G通信主题指数	5G通信	选取产品和业务与5G通信技术相关的上市公司作为样本股，包括但不限于电信服务、通信设备、计算机及电子设备和计算机运用等细分行业，旨在反映相关领域的A股上市公司整体表现
931160	中证全指通信设备指数	通信设备	由中证全指样本股中的通信设备行业股票组成，以反映该行业股票的整体表现

目前市面上主流的挂钩通信行业的指数基金如表8-21所示。

表8-21　部分挂钩通信行业的指数基金

代码	简称	基金公司	规模（亿元）	挂钩指数	运作方式
515050	华夏中证5G通信主题ETF	华夏基金	209.66	5G通信	ETF
008087	华夏中证5G通信主题ETF联接C	华夏基金	49.53	5G通信	ETF联接基金
008086	华夏中证5G通信主题ETF联接A	华夏基金	41.76	5G通信	ETF联接基金
159994	银华中证5G通信主题ETF	银华基金	47.36	5G通信	ETF
515880	国泰中证全指通信设备ETF	国泰基金	27.75	通信设备	ETF

新能源车指数

　　随着电动车行业霸主特斯拉的成功，整个新能源汽车产业迎来爆发式增长。与传统的燃油车相比，电动车的优势非常明显：电机结构简单、单位行驶成本低、零部件减少、保养费用低、智能化等。当然，更重要的是，作为电动车核心部件的电池，其单位成本以每年5%以上的速度在下降，同时电池密度也在持续提升。虽然目前电动车还有续航、安全性等一系列问题需要解决，但其产业的发展前景不变。智能新能源汽车替代传统燃油车的产业趋势不可抵挡。

　　目前市场上主流的新能源车的指数如表8-22所示。

表8-22　部分新能源行业指数

代码	指数名称	指数简称	说明
399976	中证新能源汽车指数	CS新能车	以中证全指为样本空间，选取涉及锂电池、充电桩、新能源整车等业务的上市公司股票作为成分股，以反映新能源汽车相关上市公司的整体表现，为市场提供多样化的投资标的

（续表）

代码	指数名称	指数简称	说明
930997	中证新能源汽车产业指数	新能源车	选取业务涉及新能源汽车产业的沪深A股上市公司作为样本，以反映新能源汽车产业的整体表现

新能源车行业指数的业绩弹性较大，在遇上行业趋势性转变时，能够取得令人瞠目结舌的收益。例如，2019—2020年是新能源产业的大牛市。CS新能车指数累计回报197.48%，复合年化收益率72.5%；新能源车指数累计回报174.99%，复合年化收益率65.8%；而沪深300全收益指数同期累计回报83.30%，复合年化收益率35.4%（见图8-9）。

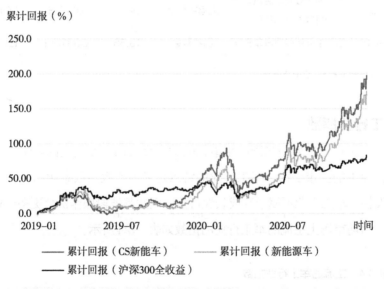

图8-9 CS新能车及新能源车指数的累计回报（2019—2020年）

目前市面上挂钩新能源车的指数基金如表8-23所示。

表8-23　部分挂钩新能源车的指数基金

代码	简称	基金公司	规模（亿元）	挂钩指数	运作方式
515030	华夏中证新能源汽车ETF	华夏基金	82.57	CS新能车	ETF
161028	富国中证新能源汽车指数（LOF）	富国基金	82.44	CS新能车	LOF
515700	平安中证新能源汽车产业ETF	平安基金	47.73	新能源车	ETF
501057	汇添富中证新能源汽车产业指数（LOF）A	汇添富基金	34.81	新能源车	LOF
160225	国泰国证新能源汽车指数（LOF）	国泰基金	29.73	新能源车	LOF
501058	汇添富中证新能源汽车产业指数（LOF）C	汇添富基金	24.01	新能源车	LOF
159806	国泰中证新能源汽车ETF	国泰基金	15.66	CS新能车	ETF

注：规模数据截至2020年年末。

军工行业指数

军工行业主要是和国防军事相关的上市公司，尤其是国内十大军工集团旗下的上市公司。军工行业的特点是受地缘政治因素影响大，具有突发性。军工行业不属于高成长性行业，因此其波段操作机会更多一些。

目前市场上主流的军工行业的指数如表8-24所示。

表8-24　主流的军工行业指数

代码	指数名称	指数简称	说明
399967	中证军工指数	中证军工	由十大军工集团控股且主营业务与军工行业相关的上市公司以及其他主营业务为军工行业的上市公司作为指数样本，以反映军工行业上市公司的整体表现
931066	中证军工龙头指数	军工龙头	分别从军工业务、军转民业务中选取代表性的公司，包括主要军工集团下属公司和主营业务涉及军工产品和服务的其他上市公司，以反映军工主题在A股整体表现

（续表）

代码	指数名称	指数简称	说明
399959	中证中航军工指数	军工指数	选取航天军工主题公司股票组成样本股，以反映此类股票的整体走势
399973	中证国防指数	中证国防	从隶属于十大军工集团公司旗下的上市公司，以及为国家武装力量提供武器装备，或与军方有实际装备承制销售金额或签订合同的相关上市公司中选取不超过50只股票作为样本股，以反映国防公司股票的走势

目前市面上军工的指数基金如表8-25所示。

表8-25　部分挂钩军工的指数基金

代码	简称	基金公司	规模（亿元）	挂钩指数	运作方式
512660	国泰中证军工ETF	国泰基金	102.59	中证军工	ETF
161024	富国中证军工指数（LOF）	富国基金	76.32	中证军工	LOF
160630	鹏华中证国防指数（LOF）	鹏华基金	70.25	中证国防	LOF
512710	富国中证军工龙头ETF	富国基金	60.22	军工龙头	ETF
512680	广发中证军工ETF	广发基金	24.70	中证军工	ETF
005693	广发中证军工ETF联接C	广发基金	17.53	中证军工	ETF联接基金
164402	前海开源中航军工指数	前海开源基金	13.04	军工指数	开放式基金

金融业指数

金融业主要包括银行与非银行金融机构。上市的非银行金融机构主要包括证券和保险公司等。

银行业的特点是稳。稳有两层含义：一是下跌的机会不多，二是上涨的动力也不大。过去十年，整个银行业的市盈率、市净率都稳定在一个非常低的水平。同时，银行股票的股息率还不错。你可以把银行业想象成一个成熟的中年人，老成持重，每年有稳定的利润，但也别想着它能像年轻小伙子一般意气风发。

目前最常见的银行业指数如表8-26所示。

表8-26　主流的银行业指数

代码	指数名称	指数简称	说明
399986	中证银行指数	中证银行	选取中证全指样本股中的银行行业股票组成，以反映该行业股票的整体表现

目前市场上主流的银行业指数基金如表8-27所示。

表8-27　部分挂钩银行业的指数基金

代码	简称	基金公司	规模（亿元）	挂钩指数	运作方式
001594/001595	天弘中证银行指数A/C	天弘基金	96.67	中证银行	开放式基金
512800	华宝中证银行ETF	华宝基金	92.31	中证银行	ETF
160631	鹏华中证银行指数（LOF）	鹏华基金	30.15	中证银行	LOF
512700	南方中证银行ETF	南方基金	17.15	中证银行	ETF

注：规模数据截至2020年年末。

证券行业的特点是股价弹性大。当股市处于熊市时，券商股业绩下滑，估值下跌，所谓"戴维斯双杀"。当股市处于牛市时，则正好反过来，公司业绩上涨，估值水平也上涨，形成"戴维斯双击"。因此，证券行业的指数基金，非常适宜在熊市底部区域时大量建仓。

目前最常用的非银行业指数如表8-28所示。

表8-28　主流的非银行业指数

代码	指数名称	指数简称	说明
399975	中证全指证券公司	证券公司	由中证全指样本股中的证券公司行业股票组成，以反映该行业股票的整体表现
H30035	沪深300非银行金融指数	300非银	选取沪深300指数中综合金融、保险行业的股票作为样本股，旨在反映该类股票的整体表现

目前市场上主流的证券行业指数基金如表8-29所示。

表8-29　部分挂钩证券行业的指数基金

代码	简称	基金公司	规模 （亿元）	挂钩指数	运作方式
512880	国泰中证全指证券公司ETF	国泰基金	389.05	证券公司	ETF
512000	华宝中证全指证券公司ETF	华宝基金	229.58	证券公司	ETF
512900	南方中证全指证券公司ETF	南方基金	67.62	证券公司	ETF
161720	招商中证全指证券公司指数 （LOF）	招商基金	56.46	证券公司	LOF
004070	南方中证全指证券ETF联接C	南方基金	54.59	证券公司	ETF联接基金
512070	易方达沪深300非银行金融 ETF	易方达基金	34.87	300非银	ETF

注：规模数据截至2020年年末。

红利指数

红利指数是比较特别的主题指数，筛选出现金股息率高、分红稳定的上市公司组成指数。所谓红利，就是指现金分红（股息）。什么样的公司具有高分红特征呢？一般都是所在行业成熟稳定、公司处于稳定发展的龙头型企业。满足上述条件的公司，大多出自金融、地产及制造业。新兴行业和高速成长的公司，一般股息率都很低，因为所在行业或阶段正是需要资本扩张的时候，没有额外的现金利润返还股东。

目前市面上主流的几个红利指数如表8-30所示。

表8-30　几个主流的红利指数

代码	指数名称	指数简称	说明
000015	上证红利指数	红利指数	选取在上海证券交易所上市的现金股息率高、分红比较稳定、具有一定规模及流动性的50只证券作为指数样本，以反映沪市高红利证券的整体表现

代码	指数名称	指数简称	说明
000922	中证红利指数	中证红利	以沪深A股中现金股息率高、分红比较稳定、具有一定规模及流动性的100只股票为成分股，采用股息率作为权重分配依据，以反映A股市场高红利股票的整体表现
399324	深证红利指数	深证红利	由深市具有稳定分红历史、较高分红比例且流动性较有保证的40只股票组成，包括众多成熟的绩优股或分红能力较强的成长股，适合作为指数化投资的标的

目前市面上部分红利指数基金如表8-31所示。

表8-31 部分挂钩红利指数的指数基金

代码	简称	基金公司	规模（亿元）	挂钩指数	运作方式
510880	华泰柏瑞上证红利ETF	华泰柏瑞基金	91.29	红利指数	ETF
159905	工银深证红利ETF	工银瑞信基金	40.92	深证红利	ETF
481012	工银深证红利ETF联接A	工银瑞信基金	22.66	深证红利	ETF联接基金
090010	大成中证红利指数A	大成基金	22.38	中证红利	开放式基金
515180	易方达中证红利ETF	易方达基金	13.97	中证红利	ETF

增强型指数基金

除了上面的宽基指数和窄基指数，以及相关的指数基金，还有一种指数基金比较特殊：增强型指数基金。

刚才提到的指数基金是被动管理型，每年节约了可观的管理费和托管费。但指数基金的问题在于：完全不能发挥基金经理的主观能动性，增强收益。能否把被动型和主动管理型融合一下呢？

这就是增强型指数基金！

增强型指数基金的核心还是跟踪市场指数，但并不是100%地复制市场指数，而是根据市场情况，由基金经理做主观判断，对持仓成分股及权重做微调，以达到超越指数的目的。我们可以简单地认为，增强型指数基金就是80%的指数基金和20%主观能动性的结合。

那增强型指数基金是如何做增强的呢？基本上靠以下几种方式。

- 通过指数成分股的基本面分析或量化分析，对成分股的权重做调整。
- 通过预测未来成分股组成的变化，提前调整成分股。例如，提前卖出未来可能要调出指数的股票，或者提前买入未来可能进入指数的股票。
- IPO打新。

既然是指数增强，那就不能偏离指数太多，否则就变成了主动管理型基金。因此，增强型指数基金的招募说明书中，都会写明尽量使基金的收益与跟踪指数的误差保持在一定范围内。不过，这只是力争的目标，有的增强型指数基金可能偏离跟踪指数非常大，这也是经常发生的事。

当然，愿望是美好的，但是能否具体做到指数"增强"，还依赖于基金经理的投资能力。

 实　例

增强型指数基金

易方达基金旗下的易方达上证50增强（A类份额代码为110003，C类份额代码为004746）是一只增强型指数基金，跟踪指数为上证50。该基金2020年第四季度的报告显示，该基金（A类）

与业绩比较基准上证50（代码：000016）的跟踪误差如表8-32所示。

表8-32 易方达上证50增强的历史业绩

阶段	净值增长率①	业绩比较基准收益率③	①－③
过去1年	43.82%	18.85%	24.97%
过去3年	81.13%	27.28%	53.85%
过去5年	153.98%	50.39%	103.59%

数据来源：易方达50指数证券投资基金2020年第四季度报告。

从图8-10中我们可以看到，该基金大大"增强"了上证50的投资收益。超额收益对基民而言肯定是好事，不过也说明该基金与当初在招募说明书中写明的"本基金力求将指数化投资组合的日跟踪误差控制在0.25%以内，年跟踪误差控制在4%以内，同时争取获得超过指数的回报"偏离较大，说明这只基金虽名为增强型指数基金，但其中主动管理的部分更多一些。

图8-10 易方达上证50增强A的累计回报（2015—2020年）

目前市场上主流的增强型指数基金的跟踪指数主要是上证50、沪深300以及中证500指数。目前规模较大的增强型指数基金如表8-33所示。

表8-33　部分规模较大的增强型指数基金

代码	名称	资产净值 （亿元）	基金公司	跟踪指数
110003	易方达上证50增强A	240.22	易方达基金	上证50
010854	汇添富沪深300基本面增强指数A	97.10	汇添富基金	沪深300
000311	景顺长城沪深300指数增强	67.49	景顺长城基金	沪深300
100038	富国沪深300指数增强	66.32	富国基金	沪深300
163407	兴全沪深300指数（LOF）A	54.52	兴证全球基金	沪深300
161017	富国中证500指数增强（LOF）	50.69	富国基金	中证500
000478	建信中证500指数增强A	45.83	建信基金	中证500
100032	富国中证红利指数增强A	40.37	富国基金	中证红利
004746	易方达上证50增强C	36.72	易方达基金	上证50
010736	易方达沪深300指数增强A	29.69	易方达基金	沪深300
180003	银华-道琼斯88指数A	27.60	银华基金	道琼斯中国88指数
040002	华安中国A股增强指数	27.41	华安基金	MSCI中国A股指数
000176	嘉实沪深300指数研究增强	22.58	嘉实基金	沪深300
110030	易方达沪深300量化增强	14.81	易方达基金	沪深300
003986	申万菱信中证500指数优选增强A	13.88	申万菱信基金	中证500

注：数据截至2020年年末。汇添富沪深300基本面增强指数A的成立日期为2021年1月20日，因此规模使用成立日当天数据。

增强型指数基金既然做了收益增强，基民就要付出一定的代价：更高的管理费和托管费。一般而言，诸如ETF之类的指数基金，年管理费及托管费分别在0.5%和0.1%左右，而增强型指数基金的管理费及托管费则翻倍。

实 例

增强型指数基金的费率

　　嘉实基金旗下跟踪沪深300指数的嘉实沪深300ETF（代码：159919）是ETF指数基金，同时旗下还有嘉实沪深300指数研究增强（代码：000176）的增强型指数基金。它们的费率比较如表8-34所示。

表8-34　嘉实沪深300ETF和嘉实沪深300指数研究增强的费率比较

代码	基金简称	管理费（年）	托管费（年）
159919	嘉实沪深300ETF	0.5%	0.1%
000176	嘉实沪深300指数研究增强	1.0%	0.18%

图8-11　嘉实沪深300ETF和嘉实沪深300指数研究增强的累计回报

（2016—2020年）

在2016—2020年这5年时间，嘉实沪深300ETF基金累计回报47%，复合年化收益率8.0%。而嘉实沪深300指数研究增强基金累计回报85.8%，复合年化收益率13.2%，比300ETF基金高出5.2%，收益确实增强了不少。而且你会发现，收益增强主要是在牛市（2019—2020年）中创造的。也就说，在牛市环境下，主动管理更容易做出超额业绩。

 基金内幕

增强型指数基金一定能增强收益吗？

虽然增强型指数基金的目标是在跟踪指数的收益基础上做收益增强，但其增强效果依赖于基金经理的投研能力，在有的情况下就变成了负增强：落后跟踪指数。

我们以跟踪沪深300指数的增强型指数基金为例，看看2018—2020这3年一些基金的表现。部分收益负增强的基金如表8-35所示。

表8-35　部分收益负增强的增强型指数基金（2018—2020年）　单位：%

年份	代码	基金简称	净值增长率	沪深300指数增长	增强收益
2018	700002	平安深证300指数增强	-33.43	-25.31	-8.12
	233010	大摩深证300指数增强	-31.07	-25.31	-5.76
2019	000311	景顺长城沪深300指数增强	34.98	36.07	-1.09
	005870	鹏华沪深300指数增强	27.92	36.07	-8.15
2020	100038	富国沪深300指数增强	23.29	27.21	-3.92

当然，整体上增强型指数基金都能创造正的增强收益。即使某只基金某一年跑输跟踪指数，但以3年时间来看，基本都能创造超额收益。这是因为在国内A股市场，主动管理仍然能够持续创造超额收益。

指数基金定投的好处

"定投"是"定期投资"之意。基金定投就是定期（如每个月、每周）购买某只或数只基金，持续投资绵绵不绝。

👁 实 例

基金定投

小张今年26岁，每个月的税后工资1万元。他每个月拿出工资的40%，也就是4 000元，进行指数基金定投，购买一只挂钩沪深300的指数基金：华夏沪深300ETF联接A（代码：000051）。

小张每个月1号发工资，因此他通过支付宝中的定投功能，设置每个月的2号自动扣款4 000元，完成基金购买。

这就是基金定投。

我们最常用的策略就是"一把梭"：在股市正火热时，大笔买进去，期待未来股市能够持续涨势，好让自己赚个盆满钵满。我们还会使用"钓鱼策略"：先买一点基金小赌怡情，等赚了一定收益后，尝到了甜头，下的赌注越来越大，最终在股市高点时，买了最多的基金。但这两种购买基金的策略，都严重的依赖于一个假设：自己能够预测股市的未来走势。

普通散户能做到预测股市吗？基本做不到！那专业投资者能做到吗？不好意思，也做不到！因为股市的涨跌尤其是中短期的涨跌，影响因素太多，无论你使用何种方法或模型，都很难持续地进行准确预测。可能某次你预测对了，但只是运气好而已。市场上那些以预测股市闻名的股评家或经济学家，他们可能预测准了某一次牛市或熊市，但你会发现后续的预测往往不靠谱。

既然预测不了股市的未来走势，那我们该如何投资呢？有句话叫**"如果打不赢他们，那就加入他们"**。而指数基金定投就是"加入他们"，这是分享股市增长的绝佳方法！

为什么指数基金定投会有如此大的魔力呢？

第一，定投能让我们避免择时难题。我们以投资沪深300指数为例，沪深300全收益指数（代码：H00300）在2010—2020年的10年间，累计回报105.3%，复合年化收益率7.5%（见图8-12）。从该指数2005年创设至2020年的16年间来看，该指数累计回报614.7%，复合年化收益率13.1%。我们可以看到，大盘指数的年化收益还是非常不错的，比90%以上的个人投资者的理财收益都要高！但是，很多个人投资者掉进了择时的大坑里，一朝被蛇咬，十年怕井绳。而指数基金定投就能帮我们规避掉择时问题：牛市也投资，熊市也投资，风雨无阻，从而平滑了我们的持仓成本，获得股市的大盘收益。

图8-12　沪深300全收益指数的累计回报（2010—2020年）

【小贴士】

所谓"择时"，指的是通过预判股市或股价的涨跌，选择低位买入股票、高位卖出股票，就是通常所说的"高抛低吸"。

第二，指数基金定投为我们避开了选基金的难题。 目前的A股市场，主动管理型基金依然能够打败市场指数，但以后会越来越难，就像美国市场已经发生的事一样。虽然主动管理型基金能够打败市场，但要挑出好基金却是很难的一件事。市场上的基金好几千只，选不好的话，还会踩雷造成亏损。指数基金定投就简单了，市场上的指数就那么多，普通人也会选。实在不知道买什么，就买沪深300指数，简不简单？

第三，定投对我们的起始投资金额要求不高。 与那种动不动就梭哈几百万甚至几千万的土豪相比，普通人一下子拿不出那么多钱。但基金定投的好处在于，每个月拿出工资的一部分进行投资，投资金额自定，没有压力。价值投资和打太极一样，不胜在短期暴富，胜在绵绵不绝。

当我们每个月坚持定投，5年后、10年后再回过头来看，已经积累了一笔不小的财富。

　　最后，定投减小了市场波动带来的心理负担，从而让我们能够把"长期主义"坚持到底。买基金赚钱难在哪儿？不难在挑选好基金，难在买了之后拿不住。为什么拿不住？因为市场波动大啊！以2011—2020年的沪深300指数为例，既有2019年、2020年分别盈利39.2%、29.9%的高光时刻，也有2018年亏损23.6%的至暗时刻（见表8-36）。但是在2019—2020年赚钱之前，试问自己能否熬得住2018年23.6%的亏损？基金定投，由于选择每个月持续投入，所以平滑了持仓成本，盈亏波动明显减小，从而降低了市场波动给你带来的心理负担，让自己的长期投资能够坚持下去，获得不菲的收益。

表8-36　沪深300全收益指数年度涨幅（2011—2020年）

年份	涨跌幅（%）	年份	涨跌幅（%）
2011	−24.0	2016	−9.3
2012	9.8	2017	24.3
2013	−5.3	2018	−23.6
2014	55.8	2019	39.2
2015	7.2	2020	29.9

如何定投

　　指数基金定投既然有这么多的好处，那我们普通人该如何开始定投呢？

　　我总结了几个步骤，按此步骤一步一步执行，就能完成个性化的定投策略，赶上财富增值的快车道。

设置定投目标和金额

在定投之前，我们首先要问问自己：我们定投的具体目标是什么？可不可以量化？

不要笼统地说"赚钱"。这样的回答范围太大，没有清晰的量化标准，最终无法落地。

其实我们可以把投资理财的目标分为两类：第一类是有明确的投资目标，例如教育基金、养老基金、买房款等；第二类是无明确目标的财富增值计划，刨除了第一类的投资本金，剩余的存款，没有明确的支出计划，就是单纯为了实现财富的增值。

对于有明确目标的投资，我们列出投资目标、期望的未来总收益、预期的年化收益率等指标，这样就能计算出我们每个月需要定投的金额。

 实 例

小王夫妇的定投目标

小王夫妻俩刚有了一个宝宝，夫妻俩欢喜之际，也在筹划未来给孩子更好的教育资源。他们小家庭每个月的税后工资收入共计3万元。

夫妻俩打算18年后，在孩子成年时，能够攒足300万元的出国留学费用。为此，我为他们设定了一个定投目标和每月定投金额（见表8-37）。

我们通过基金定投计算器，很容易计算出，如果每个月坚持定投5 000元，预期年化投资收益率10%，则18年后刚好达成300万元的目标！

表8-47　小王夫妇的定投目标和每月定投金额

投资目标	孩子教育基金
目标本金	300万元
投资期限	18年
预期年化收益率	10%
每月定投资金	5 000元

　　"合抱之木，生于毫末；九层之台，起于累土。"没想到每个月只需付出小小的5 000元，利用复利的魔力，通过指数基金定投，居然在18年后，溪流汇成了大海。

　　除了孩子的教育基金，夫妻俩还想为自己储蓄养老基金。夫妻俩都很年轻，离退休还有30年，我也为他们制订了养老基金的定投计划。由于是养老钱，所以我们可以稍微保守一些，年化收益率降低到7%（见表8-38）。

表8-38　小王夫妇的养老基金定投计划

投资目标	夫妻的养老基金
投资期限	30年
预期年化收益率	7%
每月定投资金	5 000元
最终金额	606万元

　　对于没有明确目标的投资，为了财富的持续增值，往往都是用我们积余的储蓄。这种情况下，我们会有存款作为初始投资本金，然后每个月还可以继续基金定投。我把这个初始投资本金叫**星火资金**，意为"星星之火，可以燎原"。所以，对于这种没有明确目标、单纯为了财富增值的投资，我们的定投计划要考虑两个部分：第一部分是"星火资金"如

何定投，第二部分是每个月的定投计划。

 实 例

小王夫妇的星火资金

小王夫妻俩制订了教育基金和养老基金的定投计划并如期执行后，账上还有50万元的储蓄。小两口的想法是，既然这50万元长期不用，那么可以通过基金定投的方式，实现财富增值，以免钱都被通胀吃掉了。

另外，扣除教育基金和养老基金的定投支出、生活费等后，家庭每个月还可以拿出5 000元，用作长久性定投，增加未来资产。

对于50万元的"星火资金"，我建议不要一次性全部买入基金，这样持仓成本就不好说了。还是像定投一样，我们以5年为限，将这笔"星火资金"投出去，每年投10万元，即每个月投8 333元。

对于每个月5 000元的定投资金，按照计划每个月买基金就好了。

由于上面的钱都是长久不用的钱，我们也就不惧期间的市值波动。假设年化收益率有8%，我们看看30年后，小王夫妻积攒了多少财富。

"星火资金"的最终金额：434万元。

每月定投的最终金额：734万元。

两者合计：1 168万元。

延伸阅读

什么是内部收益率？

　　基金定投不是一把梭，是每个月都投出去一部分本金的细水长流。那么对于基金定投，我们该如何计算年化投资收益率呢？

　　如果是一笔投资，那么计算年化收益率很容易。假设我们投资了一笔1万元的本金，两年后1万元变成了1.5万元，我们该如何计算年化收益率？

$$10\,000 \times (1+r)^2 = 15\,000$$

可计算出：

$$r = \left(\frac{15\,000}{10\,000}\right)^{1/2} - 1 = 22.5\%$$

可在Excel中使用Power函数去计算r。

　　对于基金定投这种持续的现金流，上面这种方法就不管用了，需要使用内部收益率来计算，具体的计算方法在这里不做展开。大家可以在Excel中使用XIRR函数计算内部收益率。

　　例如，假设我们每年基金定投6万元，连续定投18年，累计本金108万元。18年结束后，最终的基金市值为300万元，那么年化收益率是多少呢？我们可以在Excel中计算（见图8-13）。

　　最终的计算结果显示，内部收益率为9.96%。

▲	A	B	C	D
1	第X年	定投日期	现金流	
2	1	2020/5/1	-60,000.00	
3	2	2021/5/1	-60,000.00	
4	3	2022/5/1	-60,000.00	
5	4	2023/5/1	-60,000.00	
6	5	2024/5/1	-60,000.00	
7	6	2025/5/1	-60,000.00	
8	7	2026/5/1	-60,000.00	
9	8	2027/5/1	-60,000.00	
10	9	2028/5/1	-60,000.00	
11	10	2029/5/1	-60,000.00	
12	11	2030/5/1	-60,000.00	
13	12	2031/5/1	-60,000.00	
14	13	2032/5/1	-60,000.00	
15	14	2033/5/1	-60,000.00	
16	15	2034/5/1	-60,000.00	
17	16	2035/5/1	-60,000.00	
18	17	2036/5/1	-60,000.00	
19	18	2037/5/1	-60,000.00	
20	18年末	2038/5/1	3,000,000.00	
21				
22			IRR	=XIRR(C2:C20,B2:B20,0.1)

图8-13　内部收益率的计算示例

【小贴士】

网络上有很多基金定投计算器。输入每月的投资金额、投资年限，预期年化收益率等数据，就能计算出最终的投资总收益。网上搜索一下即可得到。

选择适合的指数基金

定好了投资目标，下一步就是选择适合达成目标的指数基金。在前一节中，我梳理了市场上各类主流的指数基金，让大家对每种指数基金的特性有所了解。每种指数的成分股不一样，这决定了指数的收益与风险特性也不一样：有的价格波动较小，但收益也不会很高；而价格弹性越大的，往往预期收益也越高。我根据个人投资者的不同类型，推荐几种适合的指数基金。

假如你是懵懂茫然型……

初入股市、基金的小白，对市场上各类指数眼花缭乱，也不知道该买什么。这种情况，最适合的就是宽基指数基金了。最佳选择肯定是沪深300指数基金：A股市场市值最大的300家龙头公司。买沪深300指数，就相当于长期看好中国上市龙头公司的市场竞争力。

我们以目前市场上规模排名靠前的华夏沪深300ETF联接A（代码：000051）为例，在2010—2020年这10年时间，华夏沪深300ETF联接A的累计回报97.9%，复合年化收益率7.1%（见图8-14）！

图8-14 华夏沪深300ETF联接A的累计回报（2010—2020年）

不过，我们做的是基金定投，并不是一次性投入。假如从2011年年初开始，每个月定投5 000元，购买华夏沪深300ETF联接A指数基金，一直持续到2020年年末，一共投资了10年共120期，累计投入本金60

万元。那么到2020年年末，我们的资产总额可以达到110万元，平均年化收益率[1]达11.7%（见图8-15）。

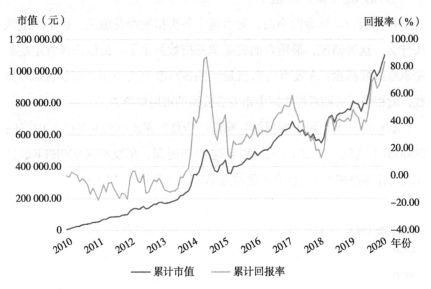

图8-15　华夏沪深300ETF联接A定投计划的累计市值和累计回报率

（2010—2020年）

当然，也有些小伙伴不喜欢沪深300指数：该指数里面30%以上的权重都是金融、地产这样老气横秋的家伙。喜欢高科技、高端制造的朋友，可以买创业板指数基金。

我们以市场上规模排名靠前的易方达创业板ETF（代码：159915）为例，这只基金成立于2011年9月20日，是场内的ETF基金。从成立日至2020年年末的9年多时间，该基金累计回报228.4%，复合年化收益率13.7%（见图8-16）。

---

[1]　由于是持续的现金流投入，所以年化收益率的计算使用了内部收益率法。

累计回报（%）

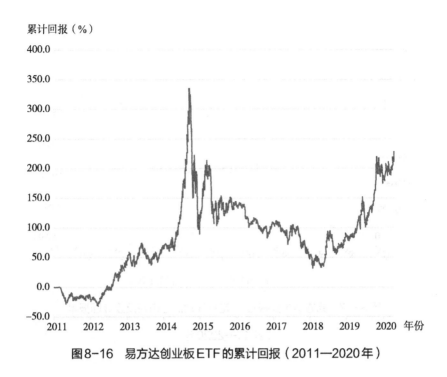

图8-16 易方达创业板ETF的累计回报（2011—2020年）

如果我们对易方达创业板ETF指数基金，也从2011年10月初开始，每个月定投5 000元，直至2020年年末。那么一共投入本金43.5万元，共计87期。到2020年年末，你的总资产就会达到117万元，年化收益率达15.5%（见图8-17）。

除了上述指数，上证50、上证180等指数，都适合懵懂茫然型投资者。前提是，你要有耐心，持续投资5年以上。

假如你是进取型……

假如你脱离了理财小白的阶段，对股市和基金有了一定了解和研究，并且相对年轻，对沪深300这种老气横秋的指数不太满意，那么可以尝试成长性行业的指数基金。毕竟，沪深300指数里面超过30%的权重都是让人乏味的金融和地产股。

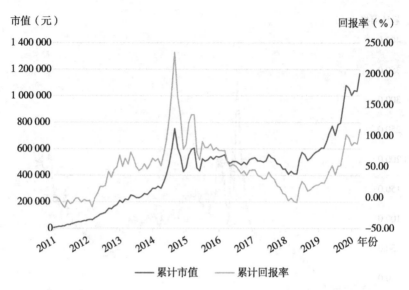

图8-17　易方达创业板ETF定投计划的总市值及累计回报率
（2011—2020年）

既然是进取型，那么你肯定要选择那些未来成长空间巨大的行业。当然，买这些指数基金也要付出成本：整体估值偏高、公司盈利尚未稳定、股价波动剧烈等。风险与收益是对等的，我们想要享受高成长性行业，也得忍受高波动。

大消费、医药、高端制造、互联网、5G和新能源等行业或主题的窄基指数，都属于成长性很高的行业。这些行业受到了资本市场的热烈追捧，以致整体估值（以市盈率为代表）偏高。但如果你介意估值高低，那么你可能永远也下不了手。因为成长性行业的估值很难降下来，尤其是在货币充裕的背景下。

以消费行业为例，挂钩中证主要消费指数（代码：000932）的汇添富中证主要消费ETF（代码：159928）是一只场内ETF基金。在2015—2020年5年间，该指数基金累计上涨260.2%，复合年化收益率29.2%。假设你从2016年年初开始，每个月初定投5 000元，累计投入本金30万元，共计60期。那么到2020年年末，你将拥有76.3万元的财富，总回报154.4%，年化收益率38.3%（见图8-18）。

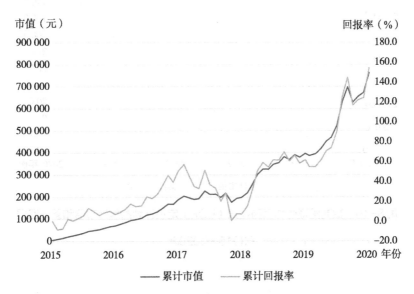

图8-18　汇添富中证主要消费定投计划的总市值及累计回报率
（2015—2020年）

　　再以医药行业中最具成长潜力的生物医药行业为例。目前市场上挂钩国证生物医药指数（代码：399441）的指数基金中，招商国证生物医药指数（LOF）（代码：161726）是规模最大的一只。在2015—2020年的5年间，该基金累计涨幅95.4%，复合年化收益率14.3%。假设你从2016年年初开始，每个月初定投5 000元，到2020年年末，共计投入本金30万元，一共60期。那么到2020年年末，你的资产总值60.2万元，增长了100.7%，年化收益率28.2%（见图8-19）。

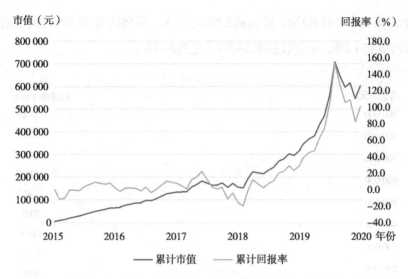

图8-19　招商国证生物医药指数（LOF）定投计划的累计市值和累计回报
（2015—2020年）

　　我们可以看到，尽管生物医药指数能够带来很高的回报率，但投资过程也并非一帆风顺。我们从2016年年初开始坚持定投，但持续到2019年1月末，我们的持仓亏损达到了19.9%：我们投入了19万元本金，但市值只剩下15.2万元！但是，我们依然坚持定投，终于迎来了曙光，在2019年、2020这两年中，市值实现了增长，年化收益率达到了惊人的28.2%。试问，如果不做基金定投，那么你能够坚持下去不放弃吗？

　　在基金定投的策略中，有个名词：**微笑曲线**。当市场下跌时，你坚持定投，从而在股市低位完成了建仓；当股市上涨时，财富就能迎来加倍的增长，这就是定投的魅力所在！

　　半导体行业也是前景广阔的行业，尤其是在芯片技术国产替代的时代趋势下，国家对半导体行业的投入加大。但半导体行业的资本投入大、研发周期长等特点，又使得很多半导体企业还处于资本投入阶段，短期还未形成稳定的盈利。因此，半导体行业指数的波动也较大，适合进取型投资者。

以挂钩中华半导体芯片指数的国泰CES芯片ETF（代码：512760）指数基金为例，该指数于2019年5月16日成立。从成立日起至2020年年末，该基金的复权单位净值增长了137.9%，复合年化收益率70.2%。假设你从成立日起，每个月初定投5 000元，至2020年年末，累计投入本金10万元，共20期。到2020年年末，你的资产变成了14.6万元，累计回报46.2%（见图8-20）。

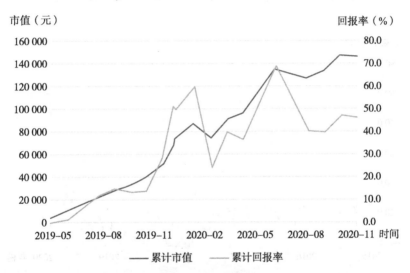

图8-20　国泰CES芯片ETF定投的累计市值和累计回报
（2019—2020年）

我们可以看出，虽然半导体行业指数回报很高，但波动非常大。例如，从2019年6月定投到2020年7月末，一年的时间，指数累计回报已经达到68.6%。但随后的半年，指数一直下跌，到2020年年末，累计回报率回落至46.2%。

假如你喜欢中小盘……

有的老基民喜欢买中小盘股票，因此特别喜欢中小盘的指数。因为中小盘市值的股票价格弹性大、妖股多，往往在牛市中上涨非常迅猛。

这种风格的基民，买中证500指数肯定没错。不过，需要注意的一点是，近几年随着注册制改革的推进，整个股市资金有逐步向核心资产（行业龙头公司）集中的趋势，中小盘股票无论是在公司的行业地位，还是上市壳资源价值，都在逐步下降。作为中小盘股代表的中证500指数，这几年的表现并不如大盘指数或新经济龙头亮眼（见图8-21）。

图8-21　中证500指数的累计回报（2015—2020年）

我们可以看到，从2015—2020年的这5年，中证500指数几乎没有增长，还下跌了11.9%；而同期的沪深300指数却增长了55.7%。拥抱核心资产，在近几年的中国和美国资本市场，都成了一种潮流。

假如你是稳健保守型……

稳健保守型投资者希望定投的市值波动不要太大，尤其是当出现亏损时，大幅的净值回撤会让稳健保守型投资者坐立不安。这时候，有几类指数基金适合他们。

第一类是金融行业指数。金融行业分为银行和非银行。非银行主要是券商股，但券商股的特点是大起大落：牛市时，券商挣钱多，净利润大幅增加，同时市场估值提升，戴维斯双击；而熊市时，利润和估值双杀。因此，更适合这类投资者的应该是银行业指数基金。

以最常用的中证银行指数（代码：399986）为例，我们比较了它在2016—2020年这5年与沪深300全收益指数的涨跌情况。我们发现中证银行指数比较能抗跌，例如2018年，沪深300跌了23.64%，而中证银行指数只跌了14.69%（见图8-22）。

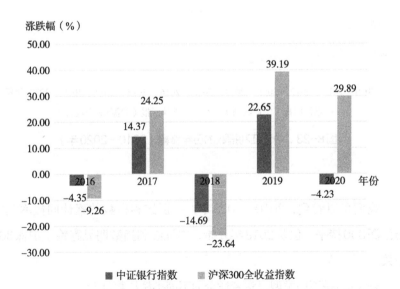

图8-22　中证银行指数的历年涨跌幅（2016—2020年）

还有一类指数基金，也受到稳健保守型投资者的欢迎：红利指数基金。红利指数的成分股都是现金股息率高的股票，每年的现金分红率稳定且较高。

不过，红利指数的成分股大多是金融、地产、原材料和工业等行业的上市公司，大多属于周期性行业。在过去几年中，红利指数基金的业绩表现平平，主要和传统周期性行业整体低迷有关（见图8-23）。

累计回报（%）

—— 累计回报（中证红利）　　　—— 累计回报（沪深300全收益）

图8-23　中证红利指数的历年涨幅（2010—2020年）

我们可以看到，2010—2018年，中证红利指数的累计回报率基本与沪深300持平。但从2018年开始，中证红利指数明显跑输了沪深300指数。

表8-39是不同类型投资者适合的不同类型指数基金。

表8-39 不同类型投资者所使用的指数基金

投资者类型	风险偏好	适用定投的指数基金
懵懂茫然型	对股市和基金不甚了解，理财小白	上证50 上证180 沪深300 创业板指
进取型	对基金有一定熟悉，能承受风险，期望获得更好回报	科创50 医药行业指数 消费行业指数 半导体行业指数 通信行业指数 新能源行业指数
中小盘型	偏好中小盘股票，净值波动较大	中证500 军工行业指数
稳健保守型	希望减小波动，平滑收益	金融业指数 红利指数

定投的微笑曲线

在开启定投的时候，你是不是害怕一直投、一直跌？在牛市中坚持定投，很容易：这个月投出去的资金，下个月就赚钱，越投越开心。但在市场持续下跌的时期，这个月投出去的资金，下个月账上就是浮亏。你是否还有勇气坚持定投？

从投资收益角度来看，到底是牛市定投好，还是熊市定投好？与你直觉相反的是：**熊市定投更好**！这就是基金定投中著名的"微笑曲线"（见图8-24）。

当股市进入下跌通道时，我们坚持定投，这样我们每次的建仓成本会越来越低。当市场处于底部区域时，其实我们之前的平均建仓成本已经很低了。当后面股市开启牛熊转换并从底部逐步反弹时，我们之前低成本建仓的基金，很容易就获得盈利。看，股市先跌后涨的曲线，像不像一张笑脸？基金定投就是用这样著名的微笑曲线让我们赚到很多钱！

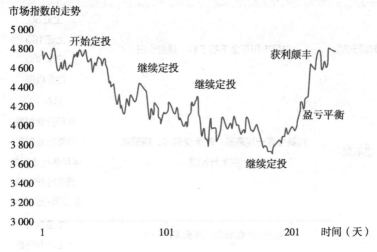

图8-24　定投的微笑曲线

我们以2018年的股市熊市为例，当年沪深300全收益指数下跌了23.6%，直到2019年才开始止跌回升（见图8-25）。

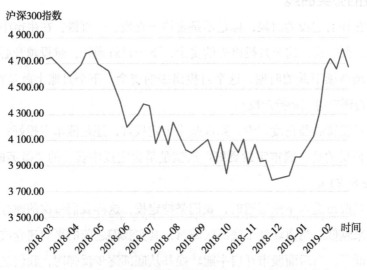

图8-25　沪深300全收益指数的走势（2018—2019年）

我们选取沪深300指数基金进行定投，假设从2018年3月底开始，坚持每周定投，直到2019年的3月底。每个月定投金额5 000元，总计定投46期，累计投入本金23万元。

我们可以看到，在开始定投的初期，随着股市持续下跌和定投累计本金的增多，我们一直处于亏损状态。在2018年10月底浮亏最多的时候，累计浮亏达11.7%。但微笑曲线告诉我们，股市指数越低，我们定投时的建仓成本就越低。终于，从2019年开始，我们的定投计划迎来了春天，随着股市反弹，我们的投资在2019年2月中旬就达到了盈亏平衡。并且在2019年3月底时，累计回报达到了9.73%，23万元的本金变成了25.2万元，净赚2.2万元（见图8-26）。

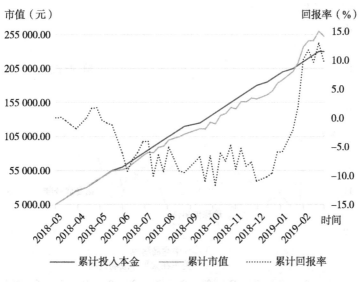

图8-26　沪深300指数定投计划的累计市值及累计回报

仅仅一年时间，我们的投资回报就达到了9.73%，而同期的沪深300全收益指数还微微跌了6.6%。整个2018年，指数下跌了23.6%。

为什么在2018年如此大的熊市中，我们的定投还能创造可观的正收益？正是因为我们利用了定投的微笑曲线，在市场底部区域坚持定投，低成本建仓；当市场反弹时，我们大量的低成本基金，就能迅速获益。

　　你可能会问：要是股市一直下跌呢？等不到反弹的那天怎么办？不管是美国、欧洲国家还是中国的股市，都不会因为某个原因导致股市持续下跌直至关闭。只要你相信中国经济不会崩溃，股市的均值回归定律就一定会发挥作用：涨多了会跌，跌多了会涨，最终反映的是上市公司盈利回报率。

　　即使是第二次世界大战，在轴心国取得节节胜利，盟军节节败退的时候，美国股市虽然经历大幅下跌，但并没有崩溃，反而在盟军取得优势后开始了强劲反弹（见图8-27）。

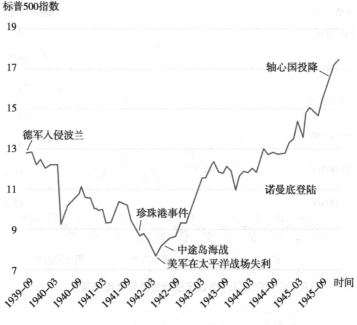

图8-27　第二次世界大战期间标普500指数的走势

　　美国股市在1939—1945年的第二次世界大战期间，经历了典型的"微笑曲线"。即使是第二次世界大战，也阻挡不了我们做基金定投的脚步！

所以，**熊市莫怕定投，微笑曲线来帮忙！**

智能定投

定投的微笑曲线，让我们非但不讨厌熊市，还有点喜欢它：熊市让我们有了更多机会去低成本建仓买基金，等股市反弹，我们就会获利。

我们之前所有的基金定投计划，都是每个月（或每周）投入固定本金，如每个月1 000元或5 000元。

你不禁想到：如果我们在熊市时，比平时多买基金，这样我们的基金持仓成本岂不是更低？假设每月定投金额是5 000元，如果在熊市时加大定投金额，例如7 000元，等市场一回暖，岂不是赚得更多？

这就是固定金额定投的威力加强版：智能定投。

所谓智能定投，就是利用股市周期性涨跌的特点，熊市多投，牛市少投。这样平均下来，我们能够获得比固定金额定投，更高的投资收益率。

智能定投的核心是：

- 依然坚持定投，风雨无阻。
- 熊市多投，牛市少投。

使用什么指标衡量牛熊市

第一个问题：在定投时，我们怎么知道什么时候是牛市，什么时候是熊市？毕竟回过头来看过去的股市走势，谁都清楚牛熊市。但是，在定投的那一刻，我们如何得知当前股市是被高估了，还是被低估了？

由于股市具有周期性波动的特征，涨涨跌跌，一个自然的想法是使用股市大盘指数，比如沪深300指数，将其作为判断股市处于何种阶段的依据。

但这种方法是错误的！为什么？之前我们说过，股市是有长期回报的，例如美国股市在过去100年扣除通胀后的年化收益率是7%左右。这就意味着，不管是标准普尔500指数还是其他市场指数，长期来看都是趋势性上涨的，虽然中间会有涨跌波动。

那么，我们该用什么指标来衡量股市处于牛熊的哪个阶段呢？业内最常用的方法就是，使用市盈率来判断股市到底被高估还是低估。

 延伸阅读

什么是市盈率？

市盈率是"市值/盈利"的简称，经常用来衡量一只股票贵不贵。

$$市盈率 = \frac{公司总市值}{公司近期盈利} = \frac{每股价格}{每股盈利}$$

例如，万科A（代码：000002）的市盈率是8倍。这意味着，如果你现在买入一手万科的股票，则需要8年时间回本，因为预期未来8年累计的盈利，恰好等于你现在的买入价格。

市盈率也有三种计算方式：静态市盈率、动态市盈率和滚动市盈率。静态市盈率，在计算时分母的公司"盈利"数据，使用上一会计年度的净利润，所以相对滞后。动态市盈率，在计算时分母使用预估的当年净利润数据，但需要考虑对公司未来净利润的测算是否准确。滚动市盈率，在计算时分母使用公司公布的最近四个季度的净利润之和。

滚动市盈率是最常用的市盈率数据，后面我们提到的市盈率都默认是指滚动市盈率。

有了个股的市盈率，计算市场指数的市盈率就非常简单了。仿照计算指数的公式，将指数成分股的市盈率，按照一定权重（一般是流通市值）加权，计算指数整体的市盈率。

　　国内A股的存在时间不算太长（30年），而沪深300指数更是在2005年才正式推出。为了更明显比较股市指数和市盈率的走势，我们使用历史悠久的美国股市的标准普尔500指数，以及对应的市盈率（见图8-28）。

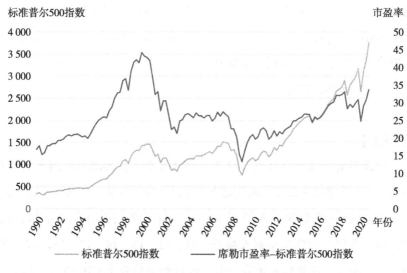

图8-28　美国标普500指数及市盈率走势（1990—2020年）

　　我选取了1990—2020年30年的历史数据，市盈率数据使用了更为精确的席勒（Shiller）市盈率。显然，标普500指数虽然也有短期波动，但主要还是趋势性上涨。可是市盈率却不然，它呈现出明显的周期性波动。

　　为什么从长期来看，指数能趋势性上涨，而市盈率只能周期性波动呢？因为从长期来看，指数反映的是公司的盈利增长，随着经济发展，整个商业社会的盈利肯定是逐步增长的。而市盈率反映的是投资回报率，回报率是不可能一直上涨或者下跌的，只会在历史平均水平左右波动。

如何计算定投金额

第二个问题：如何计算定投金额？有了上述的市盈率，我们可以做一个简单的智能定投。

首先，在开启定投时，我们使用市场大盘指数过去5年的滚动市盈率，将其作为市场市盈率的参考区间。如果当前市场市盈率在参考区间的25%分位以下，那么这说明股市被低估，我们选择多投，比如固定金额的130%；如果当前市盈率在参考区间的75%分位以上，那么这说明股市被高估，我们选择少投，比如固定金额的70%。除此之外，我们都按照平时的固定金额做定投。

【小贴士】

所谓历史数据的分位数，就是先把这些数字，按照从小到大的顺序排列。一个数字的分位数，就是这个数字排序后的位置，除以数字的个数。

假设某个历史市盈率序列为：15，14，17，16，13，20，11，12，19，18。我们先按照从小到大排序：11，12，13，14，15，16，17，18，19，20。那么，11的位置是第一个，则11的分位数是1/10=10%。18的位置是第八个，则18的分位数是8/10=80%。

反过来，我们也可以根据分位数计算对应的值是什么。例如上面的数字序列，67%的分位数是什么值？我们在排序后的数列中找到一个数，使得这个数的分位数小于67%，再找到一个数的分位数大于等于67%。因此，67%分位数的值一定介于16（60%分位数）和17（70%分位数）之间。通过线性插值，我们可以算出67%分位数对应的值是16.7。

在Excel中，我们可以使用Percentile函数计算分位数的值，用Percentilerank函数计算具体值对应的分位数。

我们为什么要用历史市盈率数据的分位数来判断股市的估值水平，而不是历史市盈率的平均值呢？因为平均值更容易受到极值的影响，容易扭曲实际的市场均值水平。

延伸阅读

平均数与中位数

假设巴菲特走进一家咖啡馆，使得这家咖啡馆的顾客人均财富都是亿万富豪，这就是平均值的扭曲。如果使用中位数，那么巴菲特的身家就没有什么影响，中位数更能如实反映咖啡馆顾客的财富实力。

你会发现，国家在统计居民收入的时候，往往会使用中位数，而不是平均收入，以免被少量的超级富豪给"平均"了。

实 例

小张的指数基金定投计划

2017年年末，小张开启了自己的指数基金定投生涯。他同时开通了两个账户，一个使用固定金额定投方案，一个使用我说的智能定投方案，两个方案的每月基准定投金额都是3 000元，在每个月月末定投一次。

固定金额定投方案非常简单，每个月月末投入3 000元本金买沪深300指数基金即可。

智能定投方案如下。

■ 选取2015—2017年沪深300指数的市盈率数据作为参考线。之所以选取2015—2017年这三年，是因为这期间正好经历了一个完整的牛熊周期。

- 如果在定投当日，沪深300指数的市盈率在参考线的75%分位数及以上，则说明股市被高估，定投金额为基准金额（3 000元）的70%，即2 100元。如果沪深300指数的市盈率在参考线的25%分位数及以下，则说明股市被低估，定投金额为基准金额（3 000元）的130%，即3 900元。分位数在25%～75%区间，按照基准金额定投，即3 000元。

　　小张坚持定投，经历了2018年的大熊市，以及2019年和2020年的牛市。最后，这两个定投方案的各自收益如何呢？详细的基金定投收益如表8-40所示。

表8-40　小张的基金定投表

| 定投日期 | 市盈率 | 固定金额定投 | | | 智能定投 | | | |
		定投金额（元）	累计市值（元）	累计回报率（%）	市盈率分位数（%）	折算率（%）	定投金额（元）	累计市值（元）	累计回报率（%）
2017-12	14.38	3 000	3 000	0.0	87	0.7	2 100	2 100	0.0
2018-01	15.09	3 000	6 183	3.0	91	0.7	2 100	4 328	3.0
2018-02	14.05	3 000	8 818	-2.0	76	0.7	2 100	6 173	-2.0
2018-03	13.49	3 000	11 544	-3.8	60	1	3 000	8 981	-3.4
2018-04	12.76	3 000	14 126	-5.8	24	1.3	3 900	12 556	-4.9
2018-05	12.76	3 000	17 332	-3.7	24	1.3	3 900	16 639	-2.7
2018-06	11.92	3 000	19 121	-8.9	11	1.3	3 900	19 376	-7.7
2018-07	11.67	3 000	22 315	-7.0	6	1.3	3 900	23 473	-5.7
2018-08	11.2	3 000	24 205	-10.4	2	1.3	3 900	26 205	-9.0
2018-09	11.69	3 000	27 986	-6.7	7	1.3	3 900	30 951	-5.3
2018-10	10.74	3 000	28 674	-13.1	0	1.3	3 900	32 294	-11.8
2018-11	10.59	3 000	31 849	-11.5	0	1.3	3 900	36 390	-10.1
2018-12	10.24	3 000	33 225	-14.8	0	1.3	3 900	38 436	-13.4

（续表）

| 定投日期 | 市盈率 | 固定金额定投 | | | | | 智能定投 | | |
		定投金额（元）	累计市值（元）	累计回报率（%）	市盈率分位数（%）	折算率（%）	定投金额（元）	累计市值（元）	累计回报率（%）
2019-01	11.02	3 000	38 333	-8.7	1	1.3	3 900	44 774	-7.3
2019-02	12.36	3 000	46 945	4.3	19	1.3	3 900	55 228	5.8
2019-03	12.78	3 000	52 544	9.5	24	1.3	3 900	62 186	10.8
2019-04	12.58	3 000	56 128	10.1	20	1.3	3 900	66 777	11.3
2019-05	11.76	3 000	55 263	2.3	8	1.3	3 900	66 080	3.4
2019-06	12.45	3 000	61 611	8.1	20	1.3	3 900	73 983	9.1
2019-07	12.42	3 000	65 267	8.8	19	1.3	3 900	78 670	9.7
2019-08	11.89	3 000	67 815	7.6	10	1.3	3 900	82 026	8.5
2019-09	11.93	3 000	71 140	7.8	11	1.3	3 900	86 319	8.6
2019-10	11.88	3 000	75 499	9.4	10	1.3	3 900	91 867	10.2
2019-11	11.67	3 000	77 377	7.5	6	1.3	3 900	94 402	8.1
2019-12	12.52	3 000	85 799	14.4	20	1.3	3 900	104 917	15.0
2020-01	12.22	3 000	86 858	11.4	17	1.3	3 900	106 444	11.9
2020-02	11.88	3 000	88 473	9.2	10	1.3	3 900	108 646	9.7
2020-03	11.03	3 000	85 772	2.1	1	1.3	3 900	105 545	2.6
2020-04	12.14	3 000	94 061	8.1	16	1.3	3 900	115 954	8.6
2020-05	11.96	3 000	96 243	6.9	12	1.3	3 900	118 845	7.4
2020-06	12.7	3 000	107 401	15.5	22	1.3	3 900	132 820	15.9
2020-07	14.04	3 000	124 970	30.2	75	0.7	2 100	152 936	31.1
2020-08	15.28	3 000	131 406	32.7	91	0.7	2 100	159 242	34.0
2020-09	14.65	3 000	128 241	25.7	89	0.7	2 100	153 870	27.3
2020-10	14.45	3 000	134 287	27.9	88	0.7	2 100	159 625	29.8
2020-11	15.31	3 000	144 940	34.2	91	0.7	2 100	170 823	36.5
2020-12	16.11	-	152 288	41.0	94	0.7	-	179 483	43.5

注：（1）市盈率是沪深300指数（代码：0003000）的滚动市盈率；（2）定投日期是每个月的月末。

　　我们分两个区间比较小张的固定金额定投和智能定投策略（见表8-41、图8-29）。第一个投资区间是2018—2019年这两年时间，这两年正好经历了2018年的熊市及2019年的股市反弹，恰好是一个完美的定投微笑曲线。第二个投资区间是2018—2020年这三年时间，经历了2018年的熊市和2019年的反弹，以及2020年股市的继续高歌猛进。

表8-41　固定定投与智能定投的对比

对比项目	区间一（2018—2019年）		区间二（2018—2020年）	
	固定定投	智能定投 （市盈率）	固定定投	智能定投 （市盈率）
投入期数	24	24	36	36
累计投入本金（元）	72 000	87 300	108 000	125 100
最终市值（元）	82 799	101 017	152 288	179 483
累计回报率（元）	15.0	15.7	41.0	43.5
年化收益率（%）	14.0	15.6	23.5	24.6

图8-29　固定定投与智能定投的累计回报对比

我们可以看到，无论是累计回报率还是年化收益率，智能定投都比固定金额定投要技高一筹。尤其是在2018—2019年典型股市微笑曲线期间，智能定投的年化收益率要比固定金额定投高出1.6%。这也可以看出，基金定投最喜欢先跌后涨的股市，微笑曲线最美！

当然，上面提到的折算率计算方法，以及市盈率分位数的参考区间，都是用以示例的，我们在实际的智能定投过程中不必拘泥于此。

使用均线进行智能定投

使用市盈率法进行定投，方法虽好，但是存在一个严重的问题：对个人投资者的专业要求太高！要懂什么是市盈率、在哪儿可以查到指数的市盈率、通过Excel公式计算市盈率分位数等。这些要求，都给个人投资者带来了困难。

有没有更捷径的方法呢？一学就会、一用就灵的那种。

有的！支付宝、天天基金等主流基金App中，都包含智能定投的模块。这些智能定投的方法非常简单：不再使用市盈率数据，而是采用指数的均线。如果当前指数点位在均线之上，则说明股市被高估，少投；如果当前指数点位在均线之下，则说明股市被低估，多投。实际的计算方法要比这个复杂一点，但原理不变。我们以支付宝里面的智能定投方法为例。

首先，我们需要一只指数基金，比如最常见的沪深300指数基金。智能定投将申购基金时当前沪深300指数点位，与其历史均线比较（可以是500日、250日或180日均线）。若当前指数点位高于历史均线，则判断当前股市点位偏高，少投，且超过历史均线越多，投得越少。如果当前指数点位低于历史均线，则判断当前股市点位偏低，多投，且低于历史均线越多，投得越多。

如果普通定投每个月申购2 000元的指数基金，则智能定投每个月的投资金额：

实际定投金额＝基础定投金额 × 当期扣款率

注：60%≤当期扣款率≤210%。

也就是说，在指数点位很低时，每个月最多投资金额为2 000×210%=4 200元；在指数点位很高时，每个月最少投资金额为2 000×60%=1 200元。

那么当期扣款率如何计算呢？以参考指数500日均线为例，规则如下。

第一，高位少买。高位少买示例如图8-30所示，高于均线时的扣款率如表8-42所示。

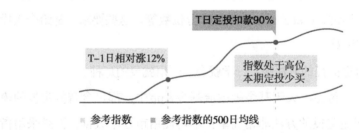

图8-30　均线法智能定投：高位少买

表8-42　高于均线时的扣款率

若T1日指数收盘价高于500日均值	实际扣款率
0%~15%	90%
15%~50%	80%
50%~100%	70%
100%以上	60%

第二，低位多买。低位多买的示例如图8-31所示，低于均线时的扣款率如表8-43所示。

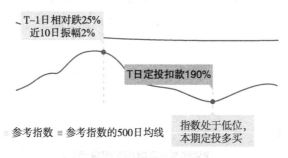

图8-31 均线法智能定投：低位多买

表8-43 低于均线时的扣款率

若T-1日指数收盘价低于500日均值	近10日振幅>5% 实际扣款率	近10日振幅≤5% 实际扣款率
0%~5%	60%	160%
5%~10%	70%	170%
10%~20%	80%	180%
20%~30%	90%	190%
30%~40%	100%	200%
40%以上	110%	210%

$$指数过去10日振幅 = \frac{指数过去10日最高收盘价}{指数过去10日最低收盘价} - 1$$

对于参考指数当前点位偏高的情况，其计算公式很好理解。当参考指数当前点位偏低时，我们为什么还要根据过去10日指数振幅来决定投资比例呢？主要原因有两个。

- 如果振幅过大，那么指数不稳定，不能明确看出当前指数走势的趋势性，所以先少投为妙，看看情况再说。

■ 振幅过大时，点位越低，投得越多，但可能出现的浮动亏损越大，
用户可能承受比较大的心理压力。因此，根据振幅做出不同的投
资比率设计，也是为了不让用户的账户盈亏像坐过山车，缓解用户
焦虑。

 实 例

智能定投的投资收益

依旧使用上面的例子，从2017年年末开始，小张每个月月末，
定投沪深300指数基金，基准定投金额为3 000元。账户一依然使用
固定金额定投，账户二使用支付宝的智能定投，并采用沪深300指
数的500日均线作为参考线。最终结果如表8-44、图8-32所示。

表8-44　均线法智能定投与固定定投的对比

对比项目	区间一（2018—2019年）		区间二（2018—2020年）	
	固定定投	智能定投（均线法）	固定定投	智能定投（均线法）
投入期数	24	24	36	36
累计投入本金（元）	72 000	81 300	108 000	112 200
最终市值（元）	80 872.32	92 957.16	147 067.02	156 374.80
累计回报率（%）	12.3	14.3	36.2	39.4
年化收益率（%）	11.5	13.4	21.0	21.5

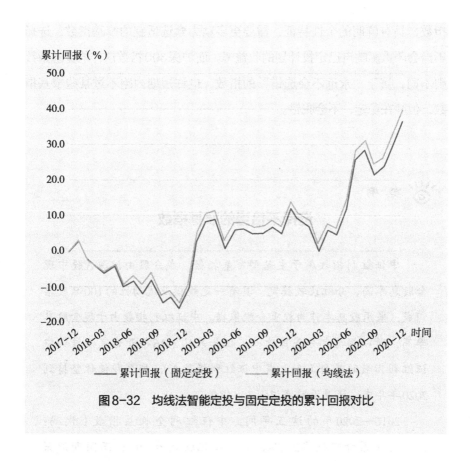

图8-32 均线法智能定投与固定定投的累计回报对比

窄基指数基金可以定投吗

在之前的内容中，我们都是使用宽基指数（如沪深300指数）基金作为基金定投的例子。之所以选择沪深300指数，是因为这个指数基金属于可以无脑定投的基金：成分股汇集了沪深两市最重要的300家上市公司。可以说是老少咸宜的指数基金。

你可能有疑问：窄基指数基金可以定投吗？该如何定投呢？

完全可以！

与宽基指数不同的是，窄基指数主要是行业、主题、风格或策略型指数，具有鲜明的个性特征，需要更多精力甄选适宜的窄基指数，选择不当会严重影响自己定投计划的收益率。而沪深300指数这样的宽基指数则不同，属于"永远不会选错"的指数，也许短期内跑不过某些窄基指数，但胜在稳定，不会犯错。

 实 例

选择不恰当的窄基指数

中证红利指数属于主题型窄基指数，成分股由沪深A股中现金股息率高、分红比较稳定、具有一定规模及流动性的100只股票组成，采用股息率作为权重分配依据。中证红利指数由于现金股息率高，所以颇得部分基民欢心。但如果从2016年开始定投挂钩中证红利指数的基金（如大成中证红利指数A），那么即使你坚持到2020年年末，还是没跑赢沪深300指数。

2016—2020年的这五年间，中证红利全收益指数（代码：H00922）累计回报率27.3%，复合年化收益率4.9%；而同期沪深300全收益指数（代码：H00300）累计回报率55.7%，复合年化收益率9.3%。中证红利指数基金明显跑输了沪深300指数基金（见图8-33）。

截至2020年年末，挂钩中证红利指数的大成中证红利指数A（代码：090010）指数基金的五年期回报率35.44%，而挂钩沪深300指数的华夏沪深300ETF联接A（代码：000051）指数基金的五年期回报率51.54%。

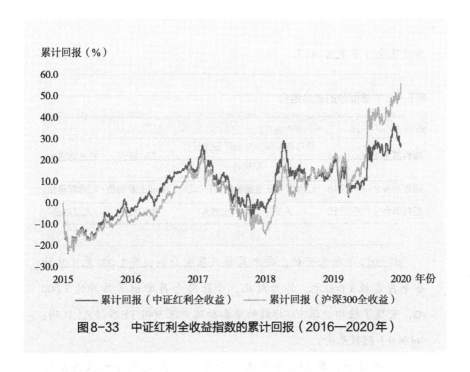

图8-33　中证红利全收益指数的累计回报（2016—2020年）

　　窄基指数当然可以定投，不过由于市场上的窄基指数比较多，对个人投资者的甄选要求较高。有没有更简单方法呢？为了降低筛选难度，我们可以将自己比较熟悉的多个窄基指数，组合成一篮子窄基指数基金组合，以达到风险分散的目的。当然，组合里面的指数基金个数肯定不能越多越好，否则就成了沪深300指数基金。我们只选取几个自己比较熟悉、有研究、未来看好的窄基指数即可。

 实　例

使用窄基指数进行定投

　　看到2017年股市涨势不错，小张蠢蠢欲动，从2017年年末开始自己的基金定投计划。他每个月拿出3 000元，选出了三只窄基指数基金（见表8-45）。

表8-45窄基指数的基金组合

基金组合	代码	简称	挂钩指数	基金公司
指数基金1	001344	易方达沪深300医药卫生ETF联接A	300医药	易方达基金
指数基金2	000248	汇添富中证主要消费ETF联接	中证主要消费	汇添富基金
指数基金3	090010	大成中证红利指数A	中证红利	大成基金

从2017年年末开始，每个月每只基金分别投资1 000元，总计每个月定投3 000元。作为对比，小张每个月拿出了另外的3 000元，定投了挂钩沪深300指数的华泰柏瑞沪深300ETF联接A（代码：460300）指数基金。

三年过去，到2020年年末，小张的基金定投计划收益如何呢？其业绩表现如表8-46、图8-34所示。

表8-46　窄基指数基金组合的业绩表现

基金名称	投入期数	累计本金（元）	最终市值（元）	累计回报率（%）	年化收益（%）
易方达沪深300医药卫生ETF联接A	36	36 000	56 678.99	57.4	31.7
汇添富中证主要消费ETF联接	36	36 000	68 971.57	91.6	46.9
大成中证红利指数A	36	36 000	41 164.46	14.3	8.9
窄基指数基金组合	36	108 000	166 815.02	54.5	30.2
华泰柏瑞沪深300ETF联接A	36	108 000	148 777.44	37.8	21.8

图8-34　窄基指数基金组合的累计回报（2017—2020年）

我们可以看到，在小张选出的三只窄基指数基金中，虽然中证红利指数表现不佳，跑输了大盘，但消费和医药行业表现亮眼。最终，三只指数基金的组合定投，战胜了以沪深300指数为代表的大盘，获得了超额收益。

另外，小张在开启自己的基金定投计划时，正好赶上了2018年的熊市。但小张没有放弃，由于定投微笑曲线的存在，小张坚持定投，最终在2019—2020年迎来了不菲的投资收益。

主动管理型基金可以定投吗

之前说的都是指数基金定投，你肯定心生疑问：个人投资只能用指数基金定投吗？能不能买几只主动管理型基金用来定投呢？毕竟我之前也说过，在国内A股市场，主动管理型基金还是能够持续跑赢大盘指数的。

但是，为什么我之前一直讲指数基金定投呢？就是因为虽然主动管理型基金整体收益更高，但市场上有多少只主动管理型基金呢？截至2020年年末，市场上有超过3 500只股票类的主动管理型基金。大部分个人投资者，面对数量如此庞大的基金，都不知道如何下手、如何挑选！选得不好，投资者容易踩雷，非但没赚到钱还会把本金给亏进去，得不偿失。

指数基金就没有这方面的问题。如果你什么都不懂，是纯粹的理财小白，那么你可以直接定投宽基指数基金（如沪深300指数）。如果你对行业有稍微研究，那么你可以适当配置点窄基指数基金，如医药、消费、新能源等。所以，对于个人投资者，指数基金是老少咸宜的选择，极大地降低了基金定投的难度，让我们轻松实现财富的保值增值。

但对于主动管理型基金的筛选，我们需要具备一定的知识积累，才能优中选优。如果你过了专业知识的门槛，那么你需要构建一个属于自己的主动管理型基金组合，并坚持定投，一定能够创造比指数基金定投更高的投资收益。

记住我一句话：**不懂不要投，懂了放心投**！

构建定投基金的组合

在构建专属自己的基金定投计划时，我相信你可能不会只选一只指数基金坚持定投，虽然我觉得这样也不错，尤其是选择沪深300指数这样的大盘指数。

绝大部分人，包括我自己，也都是选出几只指数基金，构建一个指数基金组合，进行定投。假设你每个月定投3 000元，那么你可以选出三只指数基金，每只每月定投1 000元。

这种定投基金的组合，该如何构建呢？我推荐美国金融市场最常用的**核心-卫星策略**（见图8-35）。该策略最早由美国先锋公司（Vanguard）提出并实践。

图8-35　核心-卫星策略的示意

核心-卫星是一个复合策略，由核心资产和卫星资产组合而成。核心资产打底仓，用于防守，获得股市整体的大盘收益；卫星资产用于进攻，通过配置弹性较高的资产，以获得更高的超额收益。

哪些指数基金可以作为核心资产呢？当然是像沪深300、上证50、创业板指这样的宽基指数：跟随市场整体走势，避免踏空，做到市场平均收益即可。卫星资产可以选择那些进攻性比较强的窄基指数，如医药、消费、半导体、新能源、通信等价格弹性非常大的指数基金，在市场价格适合（市盈率较低）的时候买入，为你的整体投资组合贡献超额收益。

核心资产与卫星资产的具体配比是多少呢？这依据个人的风险偏好而定。一般来说，核心资产比例不低于50%，剩余的少部分资金可以配置到卫星资产。

聪明的你可能已经想到了，既然卫星资产是进攻型资产，为何不直接配置主动管理型基金呢？是的！在国外主流的核心-卫星策略中，核心资产配置宽基指数基金（如标普500指数基金），卫星资产则配置主动管理型基金。当然，这个需要你有一定的基金筛选能力，如果你没有特别大的把握，那么你还是选几只窄基指数基金吧。

 实 例

小张的"核心-卫星"定投策略

2017年年末，小张决定使用我说的"核心-卫星"策略来做基金定投，每个月定投金额3 000元。

小张选取了沪深300指数基金——华泰柏瑞沪深300ETF联接A（代码：460300）作为核心资产，计划投资总本金的2/3，即2 000元，剩余的1/3配置到卫星资产。其中一部分投资于中证主要消费指数基金——汇添富中证主要消费ETF联接（代码：000248），另一部分投资于主动管理型基金——易方达中小盘混合（代码：110011）。易方达中小盘混合基金由易方达基金旗下的张坤管理。

在2017年年末至2020年年末的三年时间里，小张坚持每个月定投这三只基金，最终的收益结果如表8-47所示。

表8-47　核心-卫星策略的执行结果

对比策略	指数基金	每月定投金额	累计本金（元）	最终市值（元）	累计回报率（%）	年化收益率（%）
核心资产	华泰柏瑞沪深300ETF联接A	2 000	72 000	99 184.96	37.8	21.8
卫星资产	汇添富中证主要消费ETF联接	500	18 000	34 485.79	91.6	46.9
	易方达中小盘混合	500	18 000	38 583.55	114.4	56.1
核心-卫星策略		3 000	108 000	172 254.30	59.5	32.6

（续表）

对比策略	指数基金	每月定投金额（元）	累计本金（元）	最终市值（元）	累计回报率（%）	年化收益（%）
	大盘指数（华泰柏瑞沪深300ETF联接A）	3 000	108 000	148 777.44	37.8	21.8

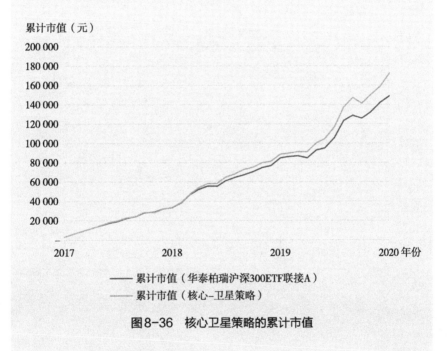

图8-36　核心卫星策略的累计市值

我们可以看到，使用核心－卫星策略进行基金定投，在保证跟上市场指数的同时，还能通过卫星资产实现指数增强，获得超额收益。

第九章

何处买基金

如果你完整阅读了之前的所有章节，那么我相信你已经对如何挑选基金、如何制定自己专属的基金定投计划有了详细的了解。那么接下来是：在哪儿买基金？

购买基金的渠道主要分为直销渠道和代销渠道。直销渠道，就是通过基金公司的官方App开户直接购买。而代销渠道，主要包括银行、证券公司、互联网代销平台及其他基金代销公司。

直销渠道

基本上每个基金公司都提供自己的官网或官方App，基民可以在官方App上直接购买一家基金公司旗下的所有基金。

在官方App购买基金的好处是，申购费折扣往往非常多甚至免费。很多基金公司官方App的基金申购费打0.1折或免费。假如你申购10万元基金，申购费率1.5%，不打折的话申购费就是1 477.83元，而0.1折的费用就是14.78元，节省1 463.05元！像富国基金、中欧基金、兴证全球基金等，其官方App的申购费都直接达到了0.1折。

当然，在基金公司官方App中购买基金，一般要求先将资金转入该基金公司旗下的货币基金，然后再将货币基金转购其他的基金，这样才能享受0.1折的申购费率优惠。

另外，绝大部分基金公司官方App都支持基金定投，也很方便。

 实 例

官方App的申购费打折

我下载了兴证全球基金的官方App"兴证全球基金"，关联了银行卡，并购入旗下的货币基金"现金宝"（兴全添利宝货币，代码000575），然后再申购公司旗下的混合基金：兴全趋势投资混合（LOF），代码163402。

支付方式有三种：现金宝、银行卡和汇款支付（见图9-1）。我们选择申购费率最便宜的现金宝转入，申购费率只有原价1.5%的0.1折，即0.015%。如果我们选择银行卡支付，那么申购费是0.6%。汇款支付也打0.1折，但流程比较烦琐。

图9-1 兴证全球基金的申购截图

　　我使用了易方达基金的官方App "易方达e钱包"，购买了易方达中小盘混合基金（代码：110011）。为了节约申购费，我用了易方达App中的 "一键购" 功能，申购费降为0%（见图9-2）。

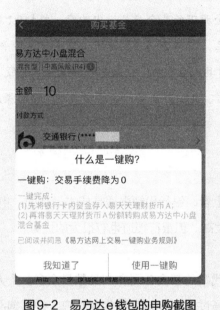

图9-2　易方达e钱包的申购截图

　　用基金公司官方App购买基金的好处是节省交易费用，但也有很大的缺点：只能购买本基金公司的基金。如果你计划购买的基金分属多个基金公司，你就只能下载多家App，这样不方便基金的申赎。另外，由于购买的多只基金分散在不同的App中，对于定期监测整体的基金持仓及盈亏情况并不是很方便。

【小贴士】

　　凡事都有例外！中欧基金在这方面做得非常好。中欧基金的官方App名字叫 "中欧钱滚滚"。这个App的所属公司是上海中欧财富基金销售有限公司，是中欧基金旗下的基金投顾公司。因此，中欧基金的官方App不但能买自家基金，还能代销其他基金公司的明星产品，比如易方达、富国、广发、鹏华、招商、天弘、华安、景顺长城、嘉实、交银施罗德等基金公司。

对于中欧基金旗下的基金产品，申购费一般打0.1折；对于代销的其他基金公司的产品，申购费一般打一折（与支付宝持平）。因此，中欧基金的这款App非常具有吸引力。中欧基金的优势在于股票投资，拥有周蔚文、周应波、王培、葛兰等明星基金经理，因此其明星产品也比较丰富。

银行代销渠道

从交易费率上看，银行代销渠道是成本最高的：申购费基本不打折，或者折扣优惠不太高。但银行渠道也有很大的优势。

- 大中型银行代销的基金公司和产品数量众多。个人投资者在购买基金时，可以通过网银App直接代理开户，并可购买数以千计的基金产品，非常方便。
- 由于有银行的隐性信誉背书，银行代销的基金受到很多人尤其是中老年用户的信任，他们觉得银行卖的基金没问题。**其实，银行只是代销机构，并不为基金的投资业绩负责。**
- 银行的客户经理在给客户推介基金产品的时候，往往承担着基金投资顾问的角色，而这一点正是很多老百姓所急需的，他们并不知道该如何挑选基金。但有一点值得注意，银行客户经理的考核目标是基金销售收入，与客户存在潜在的利益冲突。大部分银行渠道都喜欢给客户推销新基金，因为新发基金的认购费不打折（费率在1.2%左右），银行能够获得更多的销售收入。

各大银行的网银App上都有基金专区，用户可以购买基金产品。

券商代销渠道

用户在券商App上也可以购买基金产品。券商App最重要的功能是购买场内基金，比如LOF、ETF、场内货币基金等。这些场内基金只能通过券商App购买。

购买场内基金最大的好处是免除了申购费、赎回费，因为我们都在二级市场买卖交易，而非申购赎回。虽然LOF、ETF也可以在场内申购或赎回，但对于个人投资者而言完全没有必要。所以，券商App是买卖场内基金的唯一场所，只收交易佣金（一般在万分之二和万分之五之间）。

 实例

场内基金的交易

我计划买一只挂钩创业板指数的指数基金，选定了易方达创业板ETF（代码：159915）。在券商App中，输入代码159915，买入，我就可完成二级市场购入。场内基金的买卖操作与股票买卖无异（见图9-3）。

图9-3　买入易方达创业板ETF截图

　　券商App也可以申购场外基金，但并没有成本优势。和银行渠道一样，大部分基金申购费不打折，部分老基金打四折或一折。

　　因此，**券商App最适合用来购买场内基金**。不过，券商App一般都不支持场内基金的定投，需要人工定期在App上下单，有点遗憾。

互联网代销平台

　　互联网代销平台也是具有基金代销资格的公司。最常见的是支付宝、微信理财通、天天基金、蛋卷基金、盈米基金等网络代销平台。

互联网代销平台最大的好处是基金数量众多，且申购费打折多。以支付宝为例，支付宝上能找到市面上绝大多数的基金产品，且申购费一般打一折。股票类基金的申购费率一般是1.5%，打一折就是0.15%，具备相当的价格优势。

 实 例

支付宝上购买基金

我打算在支付宝上购买富国基金朱少醒的富国天惠成长混合A（LOF）（代码：161005）。支付宝对这只基金的1.5%申购费率打一折，即0.15%（见图9-4）。

图9-4　支付宝申购基金的截图

另外，我也选取这只基金作为自己的基金定投计划。支付宝支持固定金额定投和智能定投。在智能定投方面，我可以选择沪深

300、创业板指数或中证500指数作为参考指数,可以选180日、250日或500日均线作为参考均线(见图9-5)。

图9-5　在支付宝中设置基金定投

互联网代销平台一般都做成了基金超市,基金投顾功能较弱。但新生代的互联网代销平台在基金投顾方面做得不错,比如且慢(盈米基金旗下)、蛋卷基金等,都有基金投顾内容。另外,跟着大V跟投等功能受到年轻用户的喜爱。

延伸阅读

我买的基金存在哪儿了？

很多人可能有这样的担心：我在基金代销平台（比如天天基金、支付宝）购买了一只基金，万一平台倒闭了怎么办？我的基金会不会打水漂了？

答案是：不会。

不管你在哪个基金代销平台购买基金，最终确认的份额都登记于你在基金公司开设的托管账户里，与基金代销机构无关。因此，如果我们在多个平台购买了同一家基金公司的产品，在这家基金公司的官网登录，我们就可以查询到自己在所有代销平台购买的这家基金公司的所有产品。以兴证全球基金为例，在官网上，我们可以查询自己在其他渠道购买的所有基金（见图9-6）。

图9-6　兴证全球基金的份额查询截图

万一基金公司倒闭了怎么办？我买的基金份额还在吗？

答案是：还在。尽管放心。

基金公司属于资产管理机构，即所谓的"代客理财"，所有的基金产品都是单独开户，并托管在银行或券商这样的托管人那里，专款专用。因此，基金公司即使倒闭了，也不影响你的产品权益，因为产品创设时已经做了破产隔离。

家庭资产配置

管路气流阻塞

标准普尔的家庭资产配置模型

我在本书前面都是讲怎么通过选基金,为自己赚取收益。不过,从整个家庭财务的角度来看,基金也只是家庭投资的一个非常重要的工具。我们不可能把家里或个人所有的钱都拿来买基金。我们需要从整个家庭资产的角度去看我们应该分配多少资金在基金投资上,以实现我们的财务目的。这种对家庭资产做整体财务规划以实现家庭资产稳健增值的方法,就叫家庭资产配置。

每个人都应该为自己或家庭做一份合理的家庭资产配置计划!钱是现代生活的必需品:房子、教育、医疗、养老等,哪一样不需要充足的资金做保障?我们不但要学会如何多赚钱,还要学会如何聪明地打理钱,这样才能将财富留住!这就是所谓的"财商"。财商不高的话,赚再多的钱也可能只是手中流沙,抓多少漏多少。

👁 **实 例**

财富的挥霍

　　泰森是继阿里之后另一位世界级拳王，在职业生涯的巅峰期，日进斗金。但随后短短10年间，他就败光了依靠拳击积累的4亿美元家产。泰森在职业巅峰期的赚钱能力很强，但财商可以说几乎为零。几亿美元的财富根本没有被有效打理，而是不断地消耗在娱乐、女色等方面。他最终不得不走向了破产欠债。

　　巴西足球巨星小罗（罗纳尔迪尼奥）26岁时就获得了个人荣誉大满贯，两届世界足球先生得主。在2005年职业巅峰时，个人年收入超过了2 000万欧元。但由于不会投资理财，他在退役后随意挥霍财富，根本没有长远的投资规划，最后欠下巨额债务。警方查封了他的资产，他一度生活窘迫。

　　在家庭资产配置模型中，由美国标准普尔公司发布的家庭资产配置模型（见图10-1），在业界具备广泛的影响力。当然，后面我也会提到，这个模型只是一个典型情况，并不代表适用于每个人，也不代表适用于中国，但具有很高的参考意义。

　　简单来说，标准普尔模型将家庭资产分成四个账户：要花的钱、保命的钱、生钱的钱和保本升值的钱。各部分占总资产的比例分别为10%、20%、30%和40%，简称"1234"法则。

- **要花的钱。** 这部分钱用于日常消费，例如衣食住行等，建议比例10%。这部分钱只要能够维持3～6个月的生活花销即可。当然，如果你每个月还要还房贷，那么房贷的钱也要算进去。

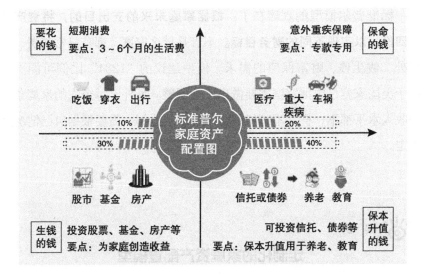

图10-1　家庭资产配置的标准普尔模型

资料来源：https://zhuanlan.zhihu.com/p/96736300。

- **保命的钱**。这部分钱主要用于每年购买保险产品，比如意外险、重疾险等，建议比例20%。保险的作用就是防止意外导致整个家庭的收入骤减或者支出骤升，预防黑天鹅事件。普通人最需要防范的意外主要有：（1）突然身故或重残，导致失去工作能力，从而失去了收入来源；（2）重大疾病，导致巨额医疗费。

- **生钱的钱**。这部分钱是长期不用且可以用来进行长期投资的钱，建议比例30%。由于长期不用，所以我们可以进行长期投资，承受更高的市值波动，以获得更高的投资收益，让钱生钱。这部分资产主要投资于基金、股票、房产等投资性工具。

- **保本升值的钱**。这部分钱也是长期不用的钱，但主要用于养老基金和教育基金，最重要的是保本，建议比例40%。在保本的前提下，实现资产的升值。因此，这部分钱主要投资于债券基金、信托、银行理财等稳健型的理财工具。

标准普尔模型的真谛在于：**根据家庭未来的支出目的，将资产分成四份，以实现不同的财务目标。**不管是什么家庭，都有日常消费、防意外、钱生钱、财富保值的需求。模型建议的"1234"比例可能更适用于美国家庭，中国家庭需要做出比例调整。另外，每个人的家庭条件和收入水平都不一样，不可能有一个统一的比例，需要根据自己情况来决定。

 实 例

定制化的家庭资产配置模型

金融资产为100万元的家庭，留10%（10万元）的资金用作日常消费是合理的。但是，金融资产为5 000万元的家庭，留出500万元可能有点浪费，毕竟这类现金资产的收益都非常低，留出5%（250万元）足矣。

中国家庭对于购买保险的需求并不需要占20%的资产，像意外险、重疾险、医疗险这种消费型保险，每年花费并不是很多；如果是返还型保险，我并不建议购买，因为这种保险的回报率非常低，往往还跑不赢通胀。因为已经在钱生钱资产、保本升值资产上投入了很大比例的资金，所以我们完全不必再购买返还型保险。

 延伸阅读

返还型保险与基金定投的区别

有些人经常把返还型保险产品和基金定投混为一谈。看上去，返还型保险产品似乎有点像基金定投：每年缴纳固定费用，缴纳

一定年限，在保险期满后，在一定条件下，还能拿回所有本金的
100%～150%。这也是保险公司在推销这款产品时极力鼓吹的：有
事走保险，没事还本金。

事实果真如此吗？

我们以市面上最常见的返还型意外险为例，表10-1是一个典
型的条款。

表10-1　返还型意外险示例

产品名称	百万XX行
每年缴费	1 680元
缴费年限	10年
保障期限	30年
到期返还	105%的总保费
保险保障	交通意外：100万元 身故或全残：10万元 ……

也就是说，每年缴纳1 680元，连续缴足10年，累计16 800
元，即可连续30年享受最高百万元赔偿的意外险。如果其间不出
险（或满足其他条件），则30年后，保险公司返还总保费的105%，
即17 640元。

这看上去似乎不错，生死两全。但如果我们仔细算一算这种定
投的年化收益率，那么结果可能会让你很失望。这种返还型保险产
品的现金流如表10-2所示。

表10-2　返还型意外险的现金流（一）

时间	现金流（负号代表流出）
第1年	-1 680
第2年	-1 680
……	-1 680
第10年	-1 680
第11年	0
……	0
第30年	0
第30年末	17 640

年化收益率只有可怜的0.2%左右！

你可能会说，不是还有百万意外险吗？关键在于羊毛出在羊身上，保险公司只是拿出你的保费中小部分去负担意外险成本。类似于这种级别的消费型意外险，每年保费100多元，我们假设168元/年。我们将意外险保费成本扣除，保障期内的现金流如表10-3所示。

表10-3　返还型意外险的现金流（二）

时间	现金流（负号代表流出）
第1年	-1 512
第2年	-1 512
……	-1 512
第10年	-1 512
第11年	168
……	168
第30年	168
第30年末	17 640

即使是这样，年化收益率也只有1.4%。

而基金定投则不同。我们做基金定投的目的就是享受股市长期趋势性上涨的收益！美股股市在过去100年，扣除通胀后的年化收益率约7%。2003—2020年这18年间，中国股市股票类基金的年化收益率在14%以上。可见，基金定投是真正享受了长期投资带来的收益。

基金能够在我们家庭资产配置中起着关键作用，是我们实现财务规划的核心工具。不同的投资目的，决定了我们选取不同的基金类型（见表10-4）。

表10-4　家庭资产配置所需的基金类型

资产类型	对应基金
要花的钱	货币基金
保命的钱	—
生钱的钱	股票型基金 偏股混合型基金
保本升值的钱	偏债混合型基金 债券基金

 实 例

小张的家庭资产配置计划

小张今年30岁，已经成家，并且有一个2岁的孩子。夫妻俩目前的存款为100万元，每个月税后工资收入合计3万元，房贷每个月1万元。小张夫妻俩还很年轻，因此短期内没有大额支出，但未来孩子教育、改善性住房、父母养老等需要充足的资金支持。

我为小张做了一个简单的家庭资产配置计划（见表10-5）。

表10-5　小张的家庭资产配置计划

资产类型	金额	分解	投资工具
现有存款	100万元	要花的钱：10万元	3万元：活期存款 7万元：货币基金
		生钱的钱：60万元	股票基金、混合基金
		保本升值的钱：30万元	债券基金
工资性收入	3万元/月	还房贷：1万元	—
		日常生活开支：1万元	—
		长期基金定投：1万元	股票基金、混合基金

小张的资产分为两部分：第一部分是已有存款，即100万元；第二部分是固定现金流入，即每个月税后的3万元。我们需要对这两部分钱做出合理安排。

首先，每个月的固定现金流入是3万元，扣除1万元房贷后剩下2万元。其中1万元用于日常生活开支，另外1万元用作长期基金定投。

其次，100万元存款中的10万元用作日常流动性应急，即"要花的钱"。当然也不必把全部的10万元用于活期存款，可以3万元活期存款，剩余7万元购买支付宝中的货币基金。在"钱生钱"方面，由于小张夫妻俩还很年轻，未来收入增长可期，所以可以把更多的资金用来钱生钱。例如，60万元投入基金，做长期投资，剩余的30万元用作"保本升值的钱"，买债券基金。"保命的钱"，可以根据夫妻双方目前工作单位是否缴纳商业医疗保险而定，但这方面每年的支出应该不会太多。

长期主义的胜利

家庭资产配置着眼于未来，着眼于长期，不在乎短期的得失。投资最大的秘密在于复利。如果你开始进行家庭资产配置，并且有了对应的基金定投计划，也许3～5年看不出什么明显的收益。但随着时间的推移，在未来10年、20年甚至更长的时间里，累计的资产回报会远远超出你的想象！

我之前统计出2003—2020年国内公募基金（股票型和混合型）的年化收益率在14%以上！如果从现在开始，我们每个月存入1万元用作基金定投，假设年化投资收益率是10%，则20年后，你的总资产将达到756万元！30年后，你的总资产将达到2 171万元！实行基金定投，不但可以享受股市长期正收益带来的丰厚回报，还可以帮你强制储蓄。

虽然家庭资产配置是每个走上社会的成年人必需的，基金定投也能够为大家带来丰厚的收益，但实际情况是，我们身边的大部分人并没有坚持长期投资的习惯。这是为什么呢？主要原因有以下几条。

- **追求短期暴富，没有长期主义的耐心。**做投资的最大敌人就是短期求胜的心态。今年投进去了，希望明年就能见到明显收益，这并不现实。《道德经》中曾说：弱者道之用。最深刻的道理，往往并不是短期爆发式的效果，而是以润物细无声的方式，以微弱但绵绵不绝的方式，在深刻影响着世界。家庭资产配置和基金定投也是如此，图的不是3～5年明显见效，图的是10年、20年之后的收益。但很多人并没有这种耐心坚持下去，往往半途而废。

- **对投资之事不甚了解，纯粹的理财小白。**由于之前没有系统学习如何投资理财，一些人在拿到工资后除了日常消费，就是将其存在银行。这个问题比较好解决，认真学习即可。我写此书的目的也在于此，即帮助大家对如何投资基金形成大概的了解。

- **起步资金不多，感觉定投没意义。**有些人每个月工资收入只有几千元，扣除日常消费，就所剩无几了，因此在这种情况下，他们往往懒得投资。他们觉得自己就那么点钱，即使翻倍了也没多少，因此不愿意开始做长期投资。老子曾说："九层之台，起于累土。"起步资金少就不去做投资的想法是错误的，因为：（1）虽然现在资金少，但未来你的收入可能会逐渐增长；（2）在基金定投过程中，逐步积累对基金和投资的专业知识，会为你未来的投资打下坚实基础；（3）长期投资将帮你强制储蓄，积少成多。

我建议你从现在开始，就开启个人或家庭的资产配置计划！千里之行，始于足下，**任何一个伟大的成功，都有一个微不足道的开始**！

因为，世界终将属于长期主义者。